飞越时空

——纪念新中国民航成立60周年

中国民用航空局综合司 编

中国民航出版社

《飞越时空——纪念新中国民航成立 60 周年》编辑委员会

主任委员：王昌顺（中国民用航空局副局长、党组成员）

主　　编：王志清

副 主 编：张　瑗

编　　辑：彭伟光　苏　莉　郭振华　王　琳　赵文力　黄开明
　　　　　袁恩泉　冯秀叶　冯　颖　高　岩

统　　筹：钟　宁　李京花　殷　军　吉大鹏　张　静　丁　菱
　　　　　张笑晨　盖兆宁

封面题字：李家祥（中国民用航空局局长、党组书记）

前 言

　　1949 年 11 月 2 日，中央人民政府人民革命军事委员会民用航空局于北京正式成立。由此，新中国民航事业拉开了飞速发展的帷幕。

　　60 载栉风沐雨，60 年春华秋实。一代又一代民航人披荆斩棘，艰苦创业，我国民航事业发生了翻天覆地的深刻变化，取得了举世瞩目的伟大成就。中国民航已从一个军事化行业转变成为符合社会主义市场经济、对国民经济和社会发展起到基础性和战略性作用的全球第二大航空运输系统。今日之中国民航犹如一只东方巨鸟，正以昂扬勃发之势，向着世界民航强国的崭新目标腾飞。

　　承前可以启后，温故有助知新。适逢建国 60 周年暨新中国民航成立 60 周年之际，经局领导批准，民航局档案馆经过钩稽考证、整理编次，从馆藏档案中精选出领袖关怀、历史沿革、艰苦创业、辉煌成就四个部分的珍贵档案资料，筹办了新中国民航成立 60 周年档案展。中国民用航空局局长、党组书记李家祥亲自题写了展览主题——飞越时空。展览期间，民航各单位参观踊跃，反响强烈。现将展览内容经过补充，加入新中国民航事业 60 年大事记编辑成书。相信读者通过鉴赏那一颗颗熠熠生辉的史海遗珠，解读那一页页尘封已久的岁月记忆，诠释那一圈圈壮怀激烈的时代年轮，会从中汲取无尽的力量。

目 录 CONTENTS

前言

领袖关怀

历史沿革

艰苦创业

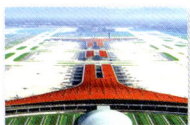

辉煌成就

新中国民航事业60年大事记

附　录

飛越時空
纪念新中国民航成立60周年

领袖关怀

LINGXIU GUANHUAI

▲ 1959年9月30日，毛泽东主席、刘少奇主席、周恩来总理在北京首都国际机场欢迎苏维埃社会主义共和国联盟共产党第一书记、部长会议主席尼·谢·赫鲁晓夫访华。

▲ 毛泽东主席在专机上工作。

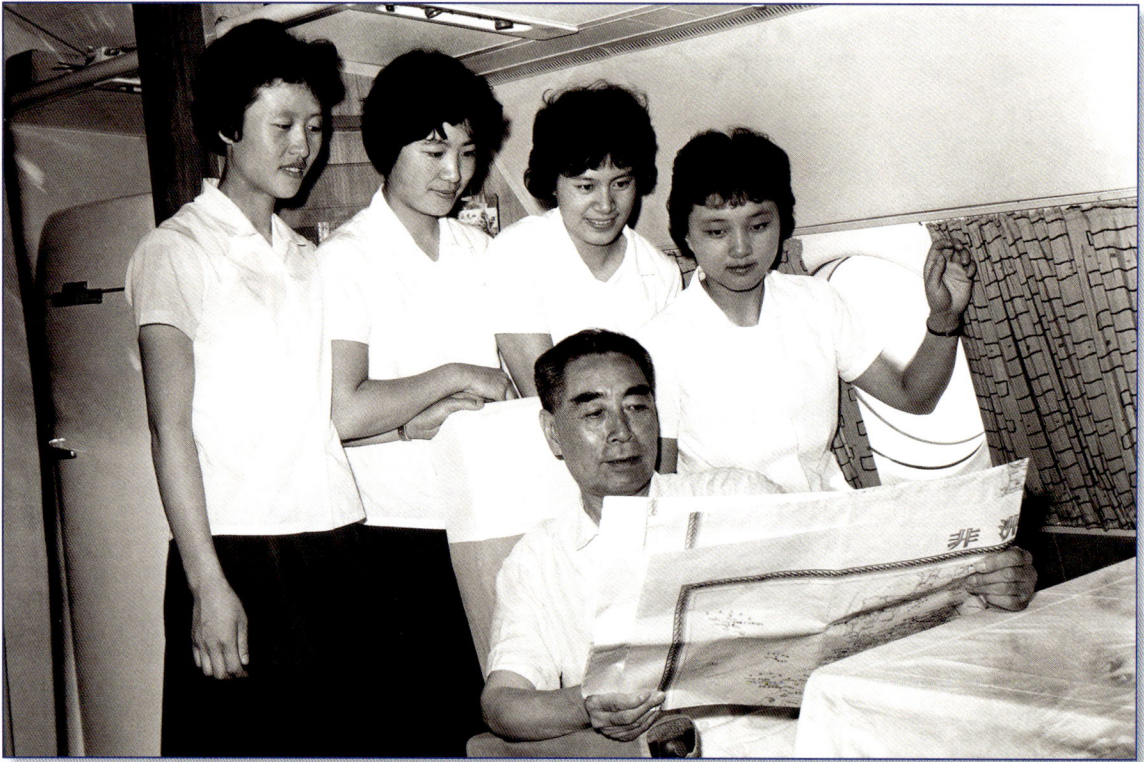

▲ 1965年，周恩来总理在飞机上与乘务员合影。

▲ 1965年7月，周恩来总理、陈毅副总理从开罗回到北京，朱德、邓小平、贺龙等中央领导到北京首都国际机场迎接。

▲ 1979年10月12日，邓小平、李先念同志视察北京首都国际机场。

▲ 1995年5月，中共中央总书记、国家主席江泽民参观民航技术进步成就展，温家宝等同志陪同参观。

▲ 2008年6月25日，中共中央总书记、国家主席胡锦涛视察北京首都国际机场三号航站楼。

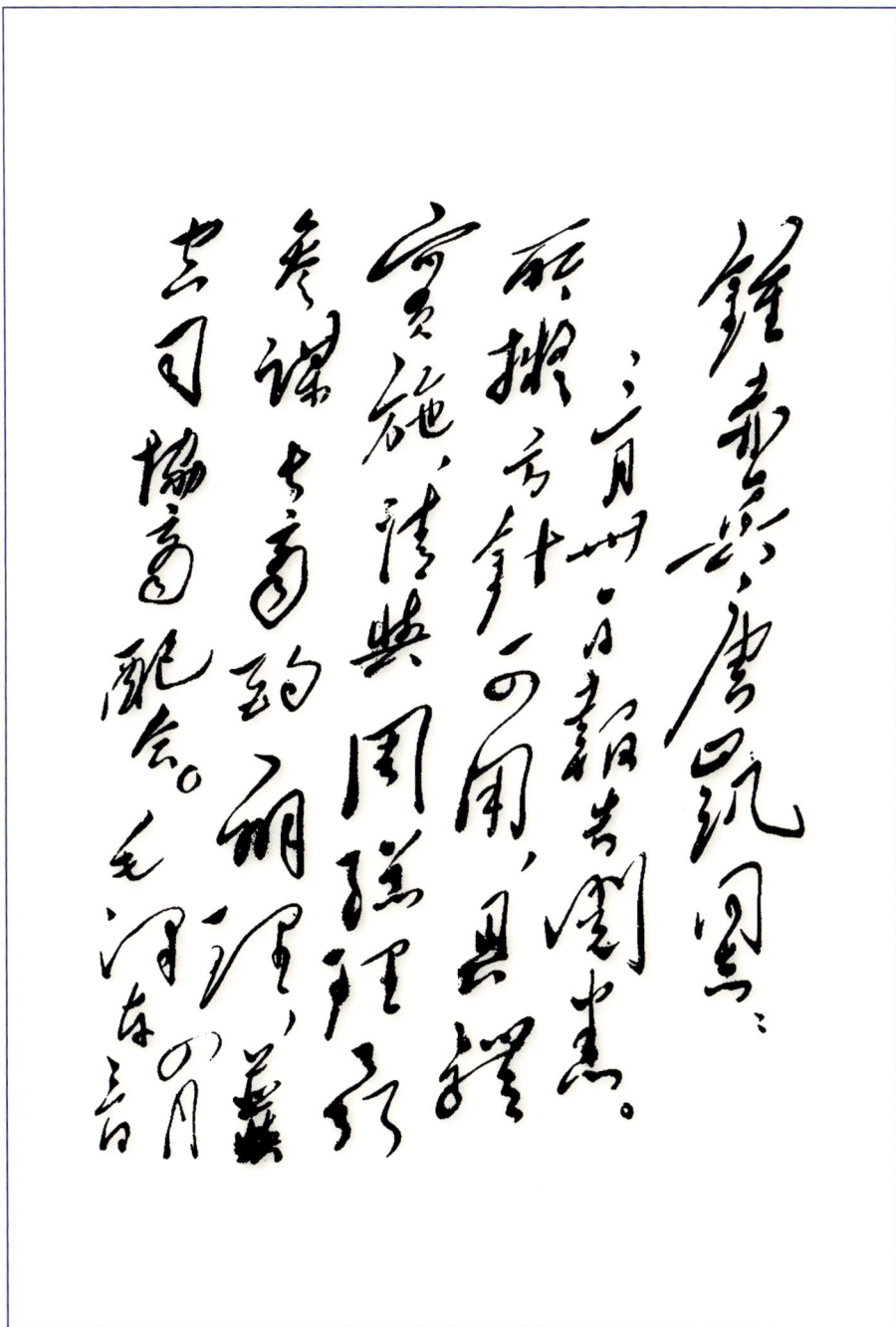

▲ 1950年4月3日，毛泽东主席对民航经营方针为"小飞的原则"和"采取企业制"等事项报告的批示。

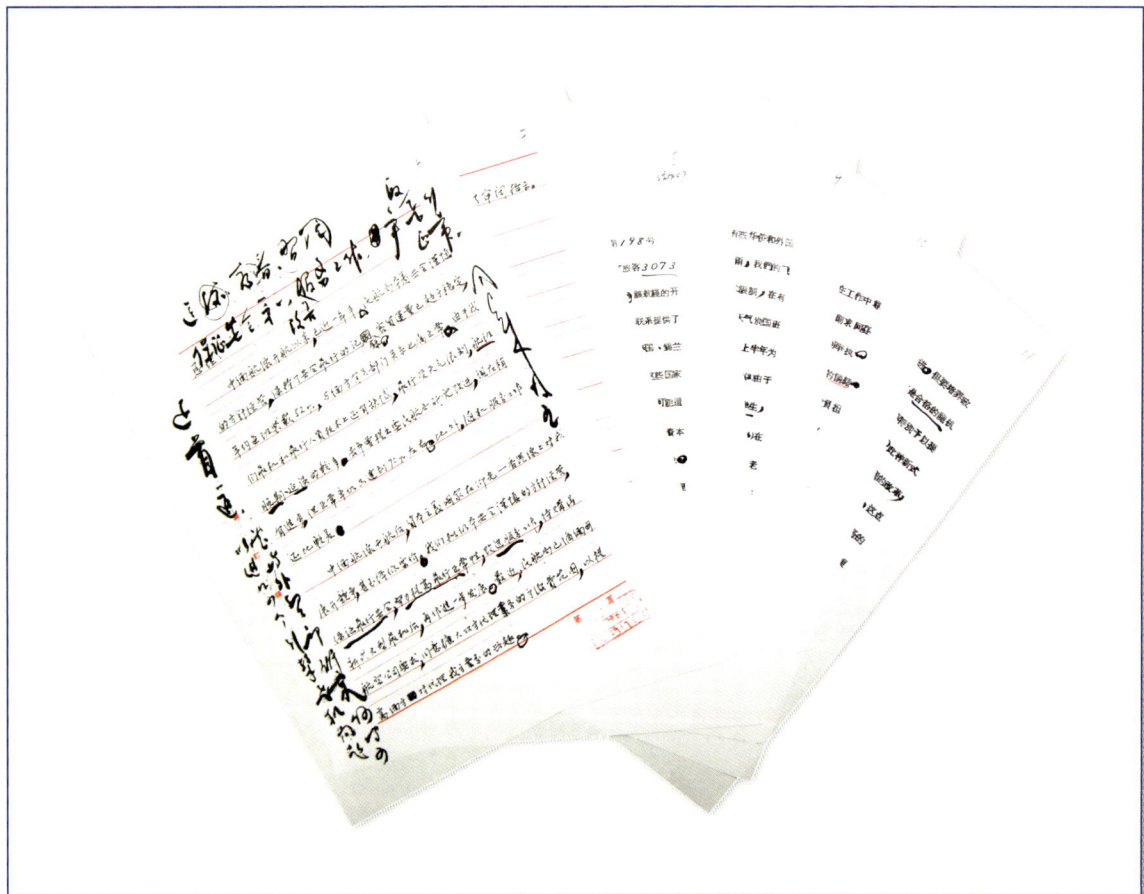

▲ 1957年10月5日，周恩来总理在民航局《中缅通航一周年半的情况报告》上批示："保证安全第一，改善服务工作，争取飞行正常"，这已成为民航工作的指导方针。

民航一定要企业化

邓小平

▲ 1980年2月14日，邓小平副总理与民航总局局长沈图谈话，并为民航工作做出重要指示："民航局由国务院直属领导，这是一个重大改革。民航一定要企业化，这个方针已定了。"

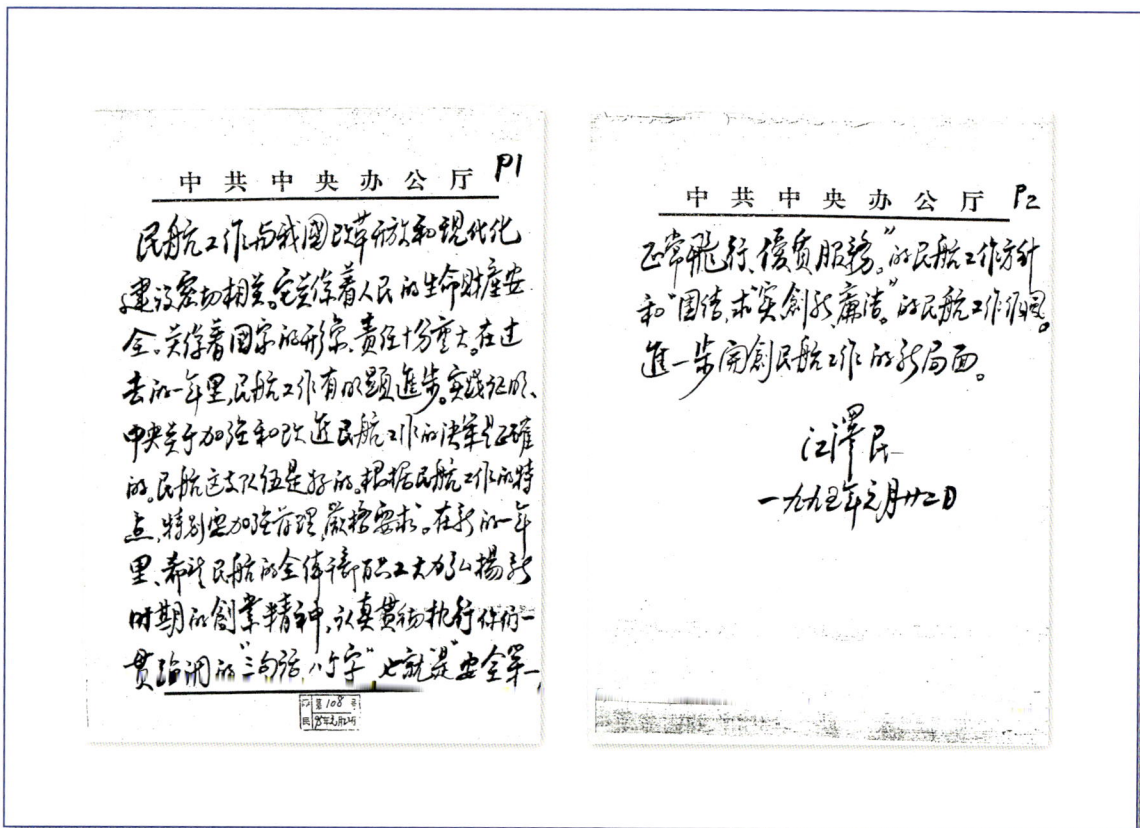

▲ 1995年1月22日，中共中央总书记、国家主席江泽民对民航工作的批示。

▲ 2008年6月26日，民航局印发《关于认真贯彻落实胡锦涛总书记对民航工作重要指示精神的通知》。

飛越時空

纪念新中国民航成立60周年

历史沿革

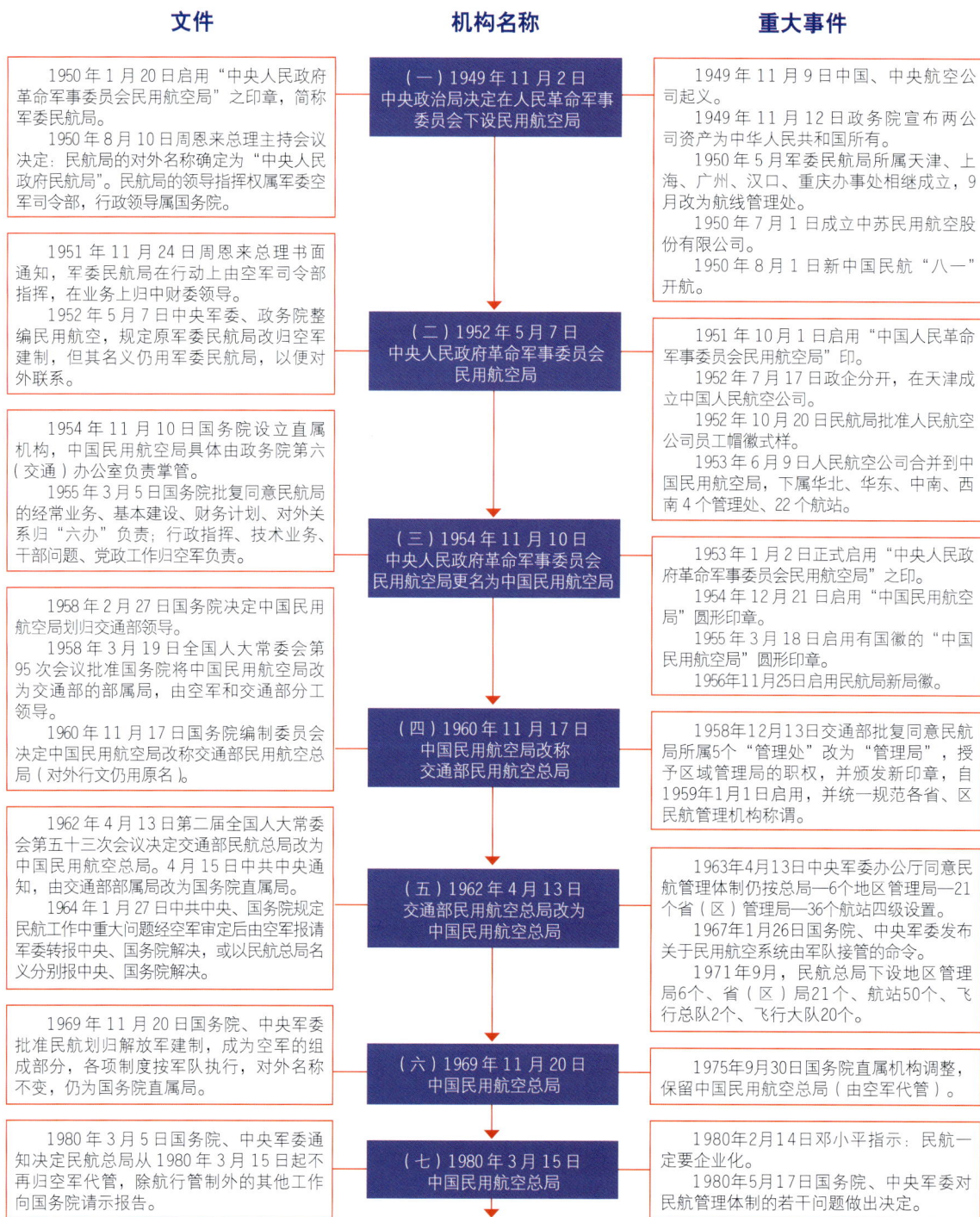

中国民用航空(总)局机构沿革示意图

（1949—2009）

文件	机构名称	重大事件

文件

1950年1月20日启用"中央人民政府革命军事委员会民用航空局"之印章，简称军委民航局。

1950年8月10日周恩来总理主持会议决定：民航局的对外名称确定为"中央人民政府民航局"。民航局的领导指挥权属军委空军司令部，行政领导属国务院。

1951年11月24日周恩来总理书面通知，军委民航局在行动上由空军司令部指挥，在业务上归中财委领导。

1952年5月7日中央军委、政务院整编民用航空，规定原军委民航局改归空军建制，但其名义仍用军委民航局，以便对外联系。

1954年11月10日国务院设立直属机构，中国民用航空局具体由政务院第六（交通）办公室负责掌管。

1955年3月5日国务院批复同意民航局的经常业务、基本建设、财务计划、对外关系归"六办"负责；行政指挥、技术业务、干部问题、党政工作归空军负责。

1958年2月27日国务院决定中国民用航空局划归交通部领导。

1958年3月19日全国人大常委会第95次会议批准国务院将中国民用航空局改为交通部的部属局，由空军和交通部分工领导。

1960年11月17日国务院编制委员会决定中国民用航空局改称交通部民用航空总局（对外行文仍用原名）。

1962年4月13日第二届全国人大常委会第五十三次会议决定交通部民航总局改为中国民用航空总局。4月15日中共中央通知，由交通部部属局改为国务院直属局。

1964年1月27日中共中央、国务院规定民航工作中重大问题经空军审定后由空军报请军委转报中央、国务院解决，或以民航总局名义分别报中央、国务院解决。

1969年11月20日国务院、中央军委批准民航划归解放军建制，成为空军的组成部分，各项制度按军队执行，对外名称不变，仍为国务院直属局。

1980年3月5日国务院、中央军委通知决定民航总局从1980年3月15日起不再归空军代管，除航行管制外的其他工作向国务院请示报告。

机构名称

（一）1949年11月2日
中央政治局决定在人民革命军事委员会下设民用航空局

（二）1952年5月7日
中央人民政府革命军事委员会民用航空局

（三）1954年11月10日
中央人民政府革命军事委员会民用航空局更名为中国民用航空局

（四）1960年11月17日
中国民用航空局改称交通部民用航空总局

（五）1962年4月13日
交通部民用航空总局改为中国民用航空总局

（六）1969年11月20日
中国民用航空总局

（七）1980年3月15日
中国民用航空总局

重大事件

1949年11月9日中国、中央航空公司起义。

1949年11月12日政务院宣布两公司资产为中华人民共和国所有。

1950年5月军委民航局所属天津、上海、广州、汉口、重庆办事处相继成立，9月改为航线管理处。

1950年7月1日成立中苏民用航空股份有限公司。

1950年8月1日新中国民航"八一"开航。

1951年10月1日启用"中国人民革命军事委员会民用航空局"印。

1952年7月17日政企分开，在天津成立中国人民航空公司。

1952年10月20日民航局批准人民航空公司员工帽徽式样。

1953年6月9日人民航空公司合并到中国民用航空局，下属华北、华东、中南、西南4个管理处、22个航站。

1953年1月2日正式启用"中央人民政府革命军事委员会民用航空局"之印。

1954年12月21日启用"中国民用航空局"圆形印章。

1955年3月18日启用有国徽的"中国民用航空局"圆形印章。

1956年11月25日启用民航局新局徽。

1958年12月13日交通部批复同意民航局所属5个"管理处"改为"管理局"，授予区域管理局的职权，并颁发新印章，自1959年1月1日启用，并统一规范各省、区民航管理机构称谓。

1963年4月13日中央军委办公厅同意民航管理体制仍按总局—6个地区管理局—21个省（区）管理局—36个航站四级设置。

1967年1月26日国务院、中央军委发布关于民用航空系统由军队接管的命令。

1971年9月，民航总局下设地区管理局6个、省（区）局21个、航站50个、飞行总队2个、飞行大队20个。

1975年9月30日国务院直属机构调整，保留中国民用航空总局（由空军代管）。

1980年2月14日邓小平指示：民航一定要企业化。

1980年5月17日国务院、中央军委对民航管理体制的若干问题做出决定。

文件	机构名称	重大事件

1982 年 6 月 11 日国务院常务会议决定：为了使名称规范化，同意去掉"民航总局"的"总"字，称"中国民用航空局"。8 月 23 日全国五届人大常委会第 24 次会议审议通过。

（八）1982 年 6 月 11 日中国民用航空总局改称中国民用航空局

1982 年 12 月 16 日国务院颁发"中国民用航空局"印章。

1985 年 1 月 7 日国务院批转民航局《关于民航系统管理体制改革的报告的通知》，原则同意民航局体制改革意见。

1987 年 1 月 30 日国务院领导批准民航局《关于民航系统管理体制改革方案和实施步骤的报告》，10 月 15 日，民航开始了以管理局、航空公司、机场分立的体制改革。

1988 年 10 月 25 日第七届人大一次会议批准国务院机构改革方案，保留中国民用航空局。

1988 年 11 月 25 日国家机构编委印发民航局"三定"方案。

（九）1988 年 10 月 25 日中国民用航空局

1993 年 4 月 19 日国务院通知中国民用航空局改称中国民用航空总局，属国务院直属机构。

1993 年 12 月 20 日国务院决定民航总局机构规格由副部级调整为正部级。

（十）1993 年 4 月 19 日中国民用航空局改称中国民用航空总局

1993 年 12 月 21 日民航总局发出《关于规范使用"中国民航"用语和局徽的通知》。

1994 年 6 月 23 日国务院办公厅印发《民航总局职能配置、内设机构和人员编制方案》。其中，撤销原航行司和务务管理中心，组建事业单位性质的中国民用航空总局空中交通管理局，直属民航总局并授予其一定行政管理职能。

1994 年 7 月 12 日民航总局机关国家公务员制度开始实施。

2000 年 6 月 30 日空军将全国共 29 条航路交民航管制指挥。

1998 年 3 月 29 日国务院通知直属机构设中国民用航空总局（正部级）。

1998 年 6 月 18 日国务院办公厅印发《民航总局职能配置机构编制规定的通知》。

（十一）1998 年 3 月 29 日中国民用航空总局

2002 年 1 月 31 日中央政治局会议讨论并原则同意《民航体制改革方案（草案）》。

2002 年 3 月 3 日国务院印发《民航体制改革方案》。

2003 年 3 月 18 日民航总局召开大会宣布总局机关机构调整改革方案。

2003 年 4 月 18 日民航总局印发《民航总局机关有关部门主要职责》、《民航总局机关各部门人员编制司局级领导职数和内设处级机构方案》。

（十二）2002 年 3 月 3 日中国民用航空总局

原民航总局直属的 9 家航空公司和 4 家服务保障企业联合重组为 6 个集团公司，于 2002 年 10 月 11 日正式挂牌成立，资产、人员由民航总局移交国资委管理。

2004 年 7 月 8 日随着甘肃民航机构正式移交地方政府管理，民航机场属地化改革落下帷幕，历经两年多时间的努力，新一轮民航体制改革基本完成。

2007 年 4 月 27 日民航空管体制实施政事分开、运行一体化改革。

2008 年 3 月 11 日第十一届全国人大一次会议审议国务院机构改革方案，组建交通运输部，组建国家民用航空局，由交通运输部管理。……不再保留交通部、中国民用航空总局。

2008 年 3 月 21 日国务院《关于部委管理的国家局设置的通知》决定，中国民用航空局由交通运输部管理。

2009 年 3 月 2 日国务院办公厅《关于印发中国民用航空局主要职责内设机构和人员编制规定的通知》（国办发〔2009〕20 号）。

2009 年 3 月 17 日民航局《关于民航安全监督管理办公室更名为民航安全监督管理局的通知》（民航发〔2009〕25 号）。

2009 年 7 月 3 日民航局印发《关于印发民航局机关各部门主要职责的通知》（民航发〔2009〕48 号）、《关于印发民航局机关各部门人员编制领导职数和内设处级机构方案的通知》（民航发〔2009〕49 号）。

（十三）2008 年 3 月 21 日中国民用航空局交由交通运输部管理

2008 年 10 月 16 日民航局印发通知，民航局空管局、民航地区空管局、民航省（区、市）空管分局（站）为民航局所属事业单位，实行企业化管理，按授权负责民航空中交通管理工作。

截至 2009 年，民航拥有具有独立法人资格的运输航空公司 42 家、通用航空公司 69 个、民用运输机场 160 个、通用航空机场 71 个，已形成民航局—7 个地区管理局—34 个省（区、市）航空安全监督管理局三级政府监管体制。

历任中国民用航空(总)局局长

钟赤兵
1949.11-1952.10 任军委民航局局长兼党委书记

朱辉照
1952.10-1955.6 任民航局局长兼党委书记

邝任农
1955.6-1973.6 任民航总局局长兼党委书记

马仁辉
1973.6-1975.6 任民航总局局长

刘存信
1975.6-1977.12 任民航总局局长

沈　图
1977.12-1985.3 任民航总局局长；1980.4-1985.3 兼党委书记

胡逸洲
1985.3-1991.1 任民航局局长；1986.1-1991.1 兼党委书记

蒋祝平
1991.1-1993.12 任民航局局长兼党委书记

陈光毅
1993.12-1998.6 任民航总局局长兼党委书记

刘剑锋
1998.6-2002.5 任民航总局局长兼党委书记

杨元元
2002.5-2007.12 任民航总局局长兼党委书记

李家祥
2007.12 任民航总局党委书记、代局长；2008.3 任交通运输部党组副书记、副部长兼民航局局长、党组书记（正部长级）

历任中国民用航空(总)局政委

刘锦平
1962.6-1971.9 任民航总局政委

王海廷
1971.12-1973.6 任民航总局政委

李世安
1973.6-1974.12 任民航总局政委兼党委书记

余立金
1974.12-1977.12 任民航总局政委兼党委第一书记

王静敏
1977.12-1980.4 任民航总局政委；1978.2-1980.4 兼党委书记

历任中国民用航空(总)局副局长

唐 凯
1949.12-1952.8 任军委民航局副局长；1951.8-1952.8 兼监委书记

王凤梧
1952.11-1957.2 任军委民航局副局长；1953-1955.6 代理党委书记；1953.1-1957.6 兼监委书记

李 平
1953.5-1956.11 任民航局副局长

陈瑞光
1953.5-1965.7、1980.6-1982.4 任民航（总）局副局长；1980.6-1983.3 兼纪委书记；1978.11-1980.6、1982.4-1982.7 任顾问

赵光远
1956.11-1965.7 任民航总局第一副局长；1957.6-1960.3 兼监委书记；1978.11-1982.7 任顾问

黎 明
1960.7-1969.7、
1977.12-1982.7 任
民航（总）局副局长

张西三
1962.3-1969.11、
1975.10-1976.1 任
民航（总）局副局长

王雨青
1968.8-1979.1 任
民航总局副局长；
1979.1-1981.4 任
顾问

廖清纯
1969.5-1976.10 任
民航总局副局长

张瑞霭
1973.6-1977.12 任
民航总局副局长；
1977.12-1982.4 任
民航总局第一副局
长；1982.4-1982.12
任顾问

阎志祥
1973.6-1995.6 任民
航（总）局副局长；
1995.7-2004.5 任
顾问

吕正哲
1979.1-1982.7 任
民航总局局长

王亚民
1979.9-1985.3 任 民
航（总）局副局长

林 征
1979.10-1982.4 任
民航总局副局长；
1982.4-1985.3 任
顾问

郭 浩
1982.4-1986.11
任民航局副局长

郭允中
1984.1-1986.7 任
民 航 局 副 局 长；
1985.3-1986.7 任民
航局党委书记、副
局长

管 德
1985.11-1993.12 任
民航（总）局副局长

李 钊
1985.11-1996.5
任民航（总）局副局
长；1996.5-1998.2
任顾问

柯德铭
1985.11-1993.12 任
民航（总）局副局长

徐柏龄
1986.12-1988.3 任民
航局副局长；1993.8-
1994.7 任顾问

沈元康
1993.12-2000.3 任民航总局副局长

鲍培德
1993.12-2002.9 任民航总局副局长

王开元
1995.8-2001.5 任民航总局副局长

边少斌
1995.8-1997.8 任民航总局副局长

王立安
1997.5-1999.3 任民航总局副局长

高宏峰
2000.3-2008.3 任民航总局副局长

杨国庆
2001.5-2009.8 任民航（总）局副局长

李 军
2001.5-2006.9 任民航总局副局长

刘绍勇
2002.9-2004.9 任民航总局副局长

王昌顺
2004.9- 任民航（总）局副局长

李 健
2007.1-任民航（总）局副局长

夏兴华
2009.8- 任民航局副局长

宇仁录
2009.8-2009.11 任民航局副局长

历任中国民用航空(总)局纪委(监委)书记、纪检组组长

赖达元
1962.7–1975.6 兼任
民航总局监委书记

周世贤
1983.3–1998.3 任民
航总局纪委书记

张文德
1989.3–1994.9 任民
航(总)局纪委书记

李建玉
1994.9–2002.9 任民
航总局纪委书记

严智泽
2002.9–2009.8 任民
航(总)局纪委书记
(纪检组组长)

梁宁生
2009.8– 任民航局纪
检组组长

注				
	王成美	1977.12–1980.4任副局长	王　文	1975.6–1979.6任副政委
	郭　健	1978.10–1980.4任副局长	丁克明	1977.12–1980.4任副政委
	赖达元	1965.5–1975.6任副政委	池　龙	1977.12–1980.4任副政委
	张国民	1970.12–1971.9任副政委	孙树峰	1979.1–1980.4任副政委
	王世延	1972.1–1980.4任副政委	王乃天	1980.7–1982.7任顾问
	许法善	1973.6–1977.12任副政委	潘振华	1960.3–1962.7兼任监委书记
	诸惠芬	1973.6–1977.12任副政委		

飛越時空

纪念新中国民航成立60周年

艰苦创业

JIANKU CHUANGYE

成立军委民航局

新中国成立仅一个月，中共中央政治局于 1949 年 11 月 2 日决定，在人民革命军事委员会下设民用航空局（简称军委民航局），受空军司令部指导，钟赤兵为局长。军委民航局成立后，一方面组织领导"两航"起义后在香港的护产斗争和大批员工安置工作，另一方面组建了天津、上海、广州、汉口、重庆五个民航办事处。鉴于干部缺乏之状况，先从各野战军、各大军区调用军级干部 4 名，师级干部 15 名，团级以下干部 221 名，后从各军政干校及华北人民革命大学调来青年学生 143 名，并从"两航"起义员工中安排了一批业务技术人员到民航局机关、各民航办事处、各航修厂和航校工作，这些同志构成了民航初创时期的人员基础。1954 年 11 月 10日，军委民航局更名为"中国民用航空局"，直属国务院领导，具体工作由国务院第六办公室掌管。同年 12 月 21 日，启用"中国民用航空局"圆形印章。

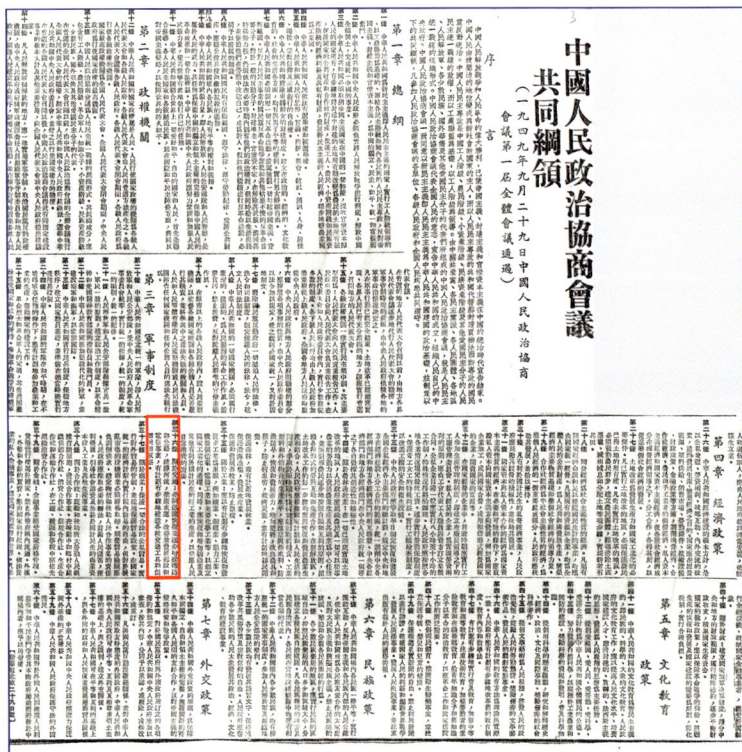

▲《中国人民政治协商会议共同纲领》提出"创办民用航空"。

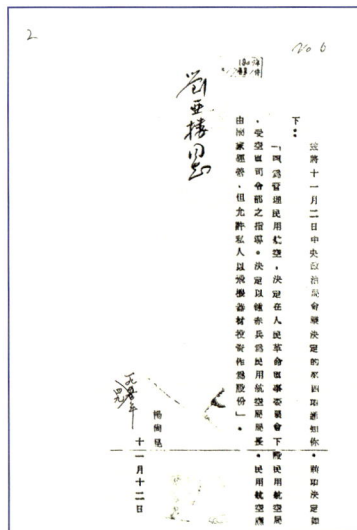

▲ 中共中央办公厅主任杨尚昆书面通知：中央政治局决定成立军委民航局，钟赤兵为局长。（复制件）

▲ 1952年12月30日，启用"中央人民政府人民革命军事委员会民航局"新印章。（原件）

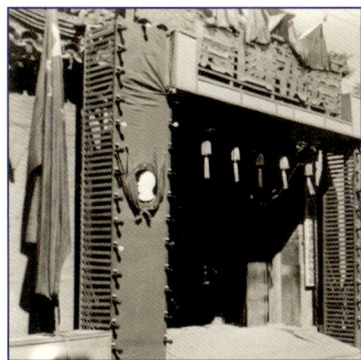

▲ 军委民航局最初的办公地点（北京东四什锦花园）。

▲ 1950年6月，军委民航局党委会与会人员合影。当时的军委民航局党委会由钟赤兵、唐凯、任泊生、王乃天、沈毅、方槐、葛燕璋、陈瑞光、李平、李勃、陈居江、周彬、沈图、王功贵等14人组成，前5人为常委。

▶ 1951年，为庆祝国庆，军委民航局工作人员正在制作飞机模型骨架。

▶ 1950年，军委民航局领导与民航重庆办事处赴京学习参观团成员合影。

▶ 1951年7月23日，军委民航局总务科生产分科同志合影。

▶ 1951年9月，军委民航局秘书工作会议代表合影。

▶ 1951年10月3日，参加国庆游行活动的军委民航局同志合影。

▶ 1954年，民航局局长邝任农（右二）、副局长沈图（左三）、赵光远（左二）、陈瑞光（左一）、政治部主任苏林（右一）与中国民航局苏联首席顾问左罗托夫（右三）合影。

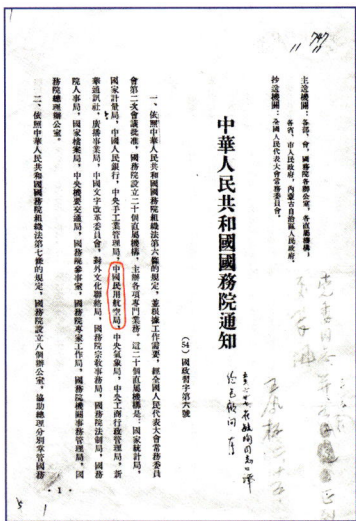

▲ 1954年11月10日，全国人民代表大会常务委员会批准设立"中国民用航空局"。（原件）

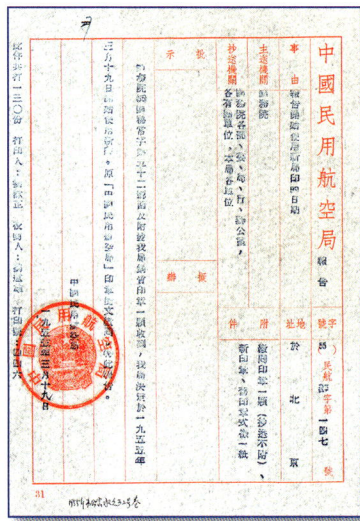

▲ 1955年3月19日，启用"中国民用航空局"新印章。（原件）

▲ 圆形印章。（原件）

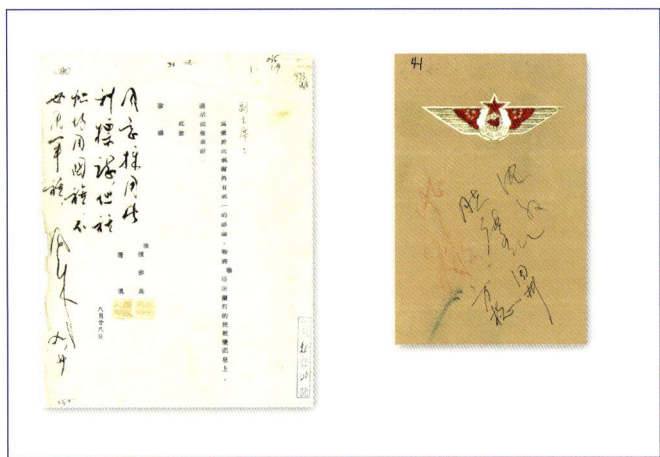

▲ "八一"开航后，军委民航局设计了由地球、中国地图、军旗、齿轮及两翼组成的局徽图案。1950年9月20日，周恩来总理批示："同意采用此种标志，但旗帜均用国旗，不必用军旗。"遵照周恩来总理的指示，民航局局徽经修改后正式启用。（原件）

▲ 军委民航局航徽。（实物）

鉴于1950年局徽图案制作比较复杂，1956年，民航局领导指示局商务处重新设计局徽，后经评定，最终选中了由卢世芳设计的局徽图案。其含义是：红五星与国旗上的五星含义相同，代表中国，两翼代表民用航空和通用航空。此局徽沿用至今。

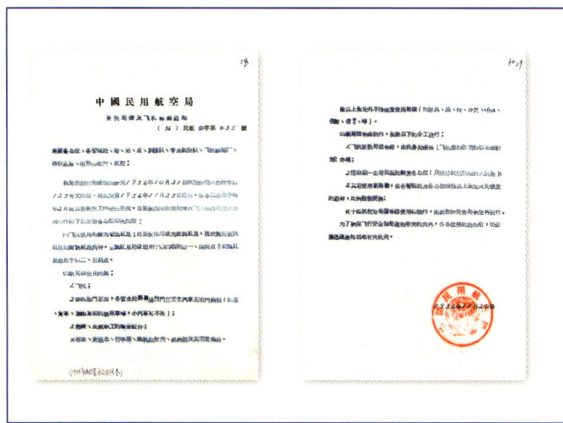

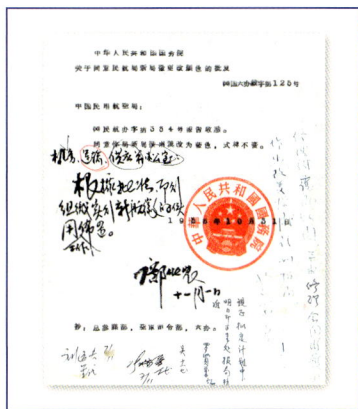

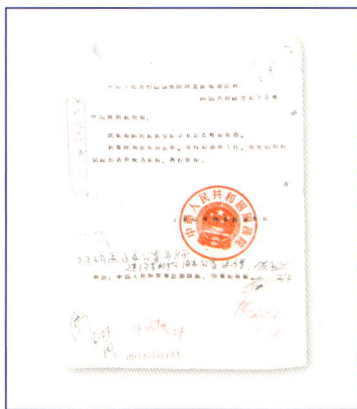

◀ 1956年6月26日，国务院同意民航局新局徽图样的批复。

中国民用航空局局徽图样

▲ 局徽设计图。（原件）

▲ 1956年民航局局徽。（实物）

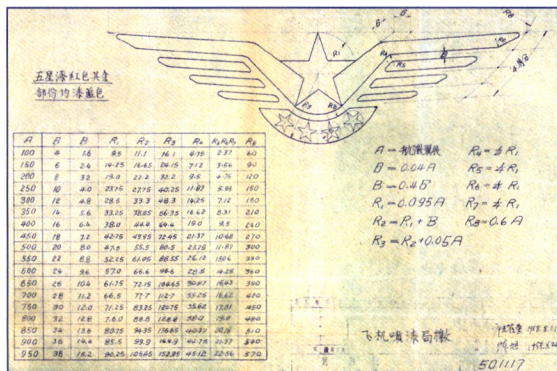

▲ "中央人民政府人民革命军事委员会民航局"、"中国人民革命军事委员会民用航空局"印章，军委民航局政治部保密室印、军委民航局航务处骑缝章。（实物）

▲ "中国民用航空局"新印章。（实物）

▲ 左至右：钟赤兵、李平、王乃天印章。（实物）

◀ 军委民航局袖章、证章。（实物）

"两航"起义

1949 年 11 月 9 日，在党的直接领导下，原中国航空公司总经理刘敬宜和中央航空公司总经理陈卓林率领 2000 余名员工在香港宣布起义。当日，刘敬宜、陈卓林、吕明、查夷平等人乘央航潘国定机组驾驶的 CV-240 型（空中行宫）XT-610 号飞机，于中午 12 时 15 分抵达北京西郊机场；其他 11 架飞机由陈达礼领队，飞抵天津张贵庄机场。代表中央人民政府和周恩来总理到北京西郊机场欢迎的有李克农、刘亚楼、王秉璋、罗青长和钟赤兵等领导及有关人员。当晚，周恩来总理在北京饭店宴请刘敬宜、陈卓林一行。毛泽东主席称赞："'两航'起义，这是一个有重大意义的爱国举动。"周恩来总理勉励"两航"起义人员"坚持爱国立场，努力进步，为建设新中国的人民航空事业而奋斗"。"两航"起义是中国民航史上意义深远的重大事件，将永载中国人民解放事业和中国民航的史册。

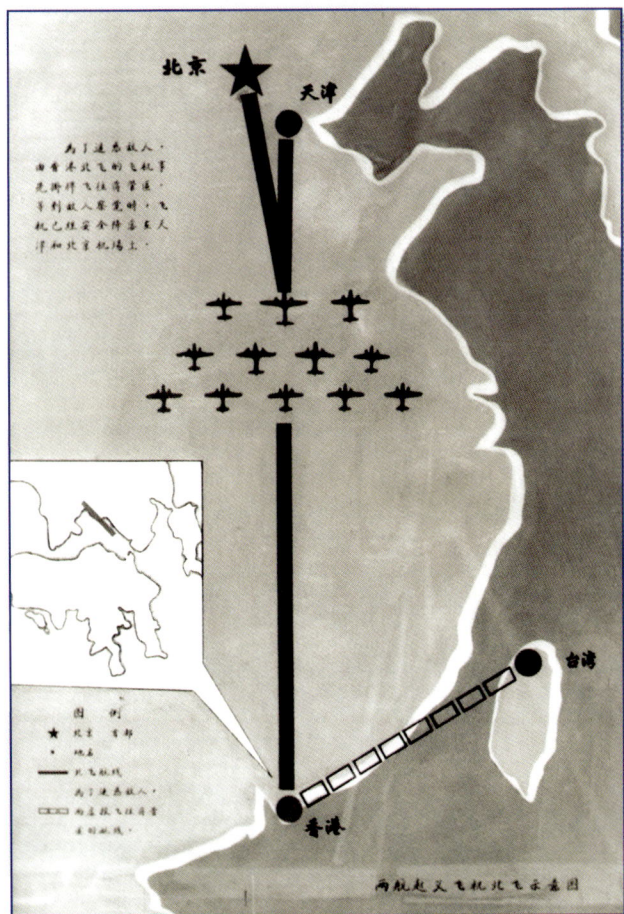

▲ "两航"起义北飞示意图。

▲ "两航"起义北飞人员名单。（原件）

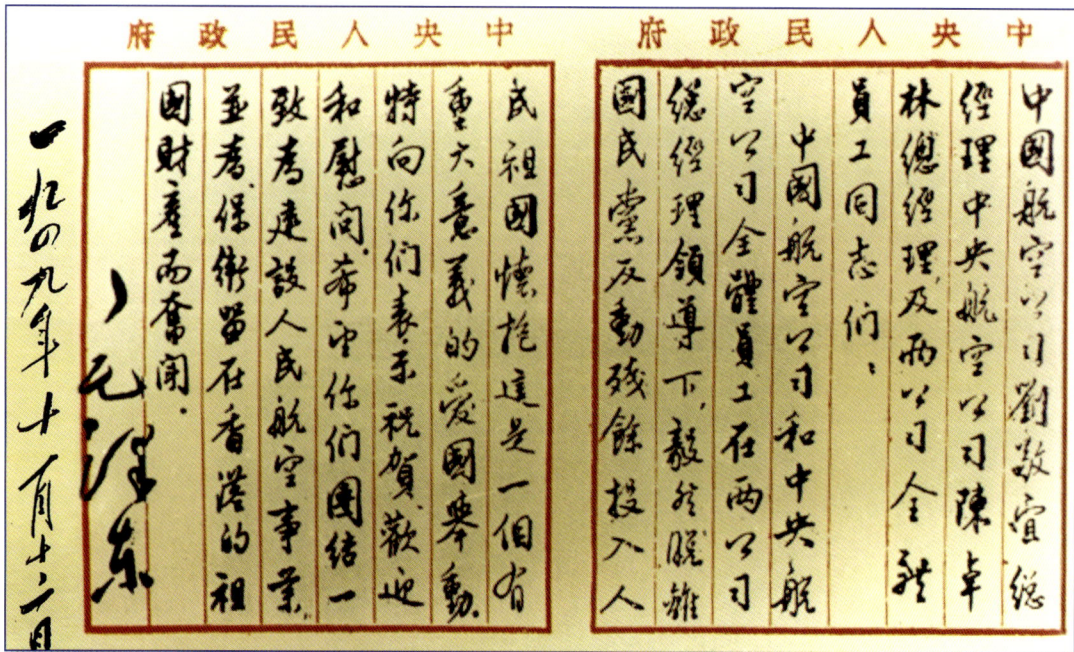

▲ 毛泽东主席致电祝贺"两航"起义。（复制件）

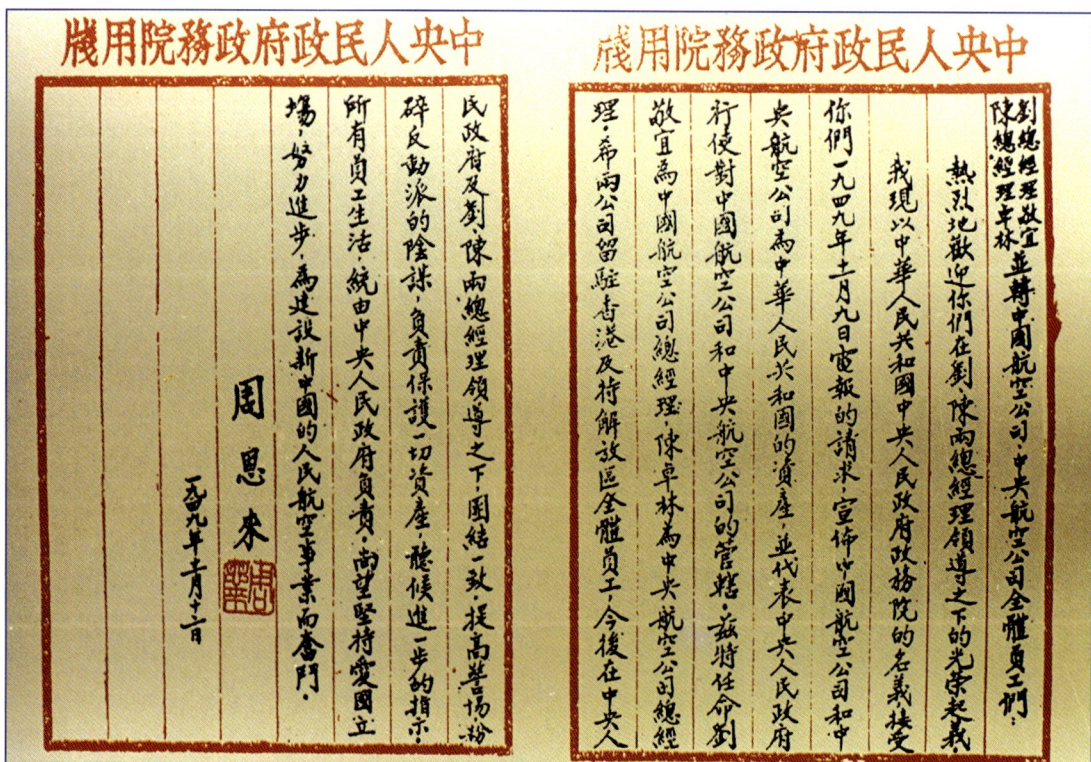

▲ 周恩来总理致函祝贺"两航"起义。（复制件）

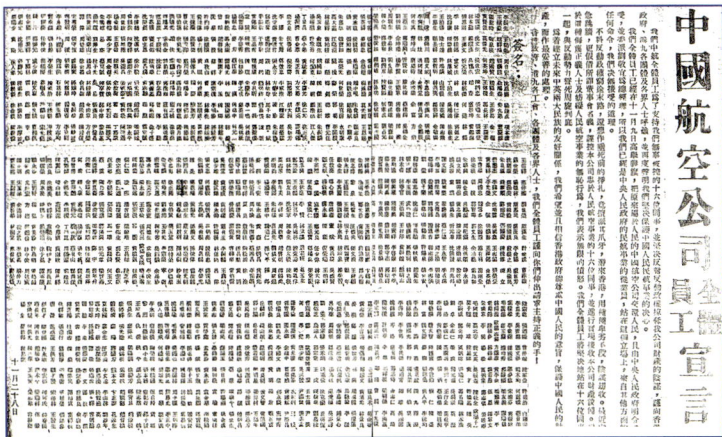

▶ 中国航空公司全体员工宣言。

▶ 中央航空公司全体员工宣言。

▲ 1949年11月9日，抵达天津的"两航"起义北飞人员合影并签名。

► 1949年11月15日，周恩来总理在北京饭店宴请"两航"起义北飞人员。

► 1949年11月9日，天津市市长黄敬招待"两航"起义北飞人员，图为黄敬与陈达礼交谈。

▲ 《航职会刊》报道"两航"起义。

▲ 《人民日报》、《天津日报》报道"两航"起义。

▲ 1950年11月9日，"两航"起义一周年，在华北人民革命大学学习的军委民航局全体同学合影。

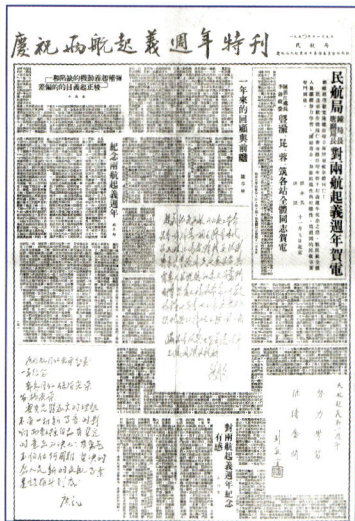

▲ 1950年11月9日,军委民航局局长钟赤兵、副局长唐凯、原中国航空公司总经理刘敬宜分别在民航局《庆祝"两航"起义周年特刊》上题词。

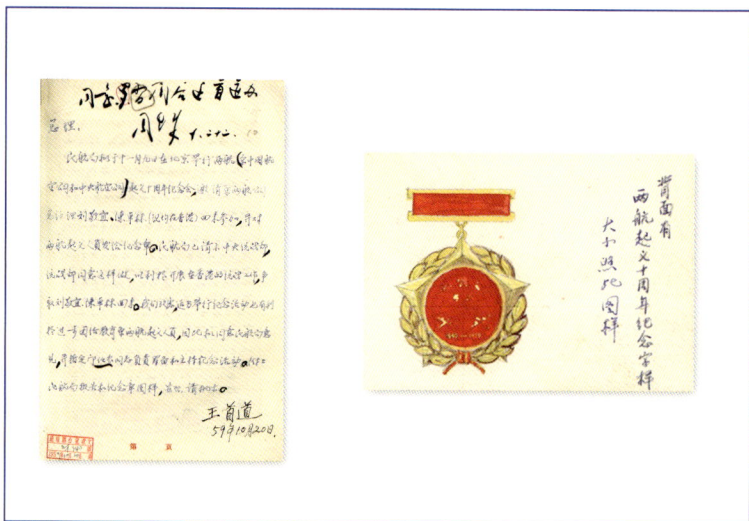

▲ 1959年10月22日,周恩来总理同意为"两航"起义人员颁发纪念章的批示和纪念章的式样。(原件)

▲ 1959年11月9日,"两航"起义十周年纪念大会在北京政协礼堂隆重举行。右图为交通部副部长孔祥祯为"两航"起义员工颁发纪念章。

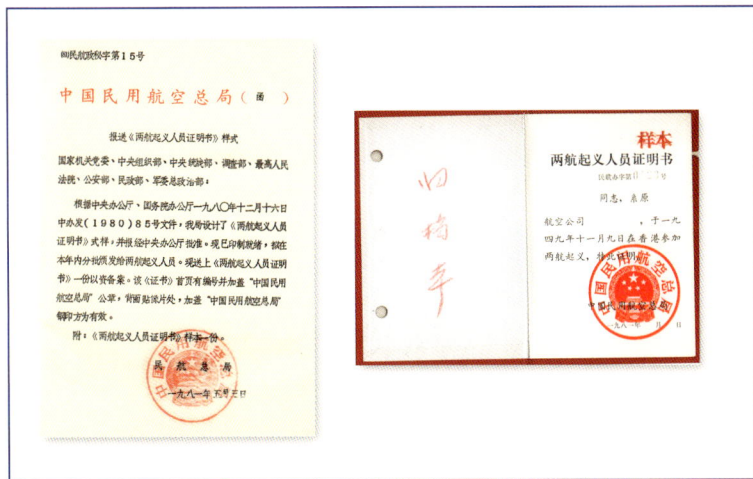

▶ 1981年民航总局设计的
《"两航"起义人员证明书》
样本。（实物）

▲ 1981年9月10日，民航总局召开颁发《"两航"起义人员证明书》大会。
图为民航总局领导与全体代表合影。

◀ 1989年，"两航"起义纪念封。

▲ 1999年11月9日，全国政协主席李瑞环、统战部部长王兆国等出席纪念"两航"起义50周年座谈会。

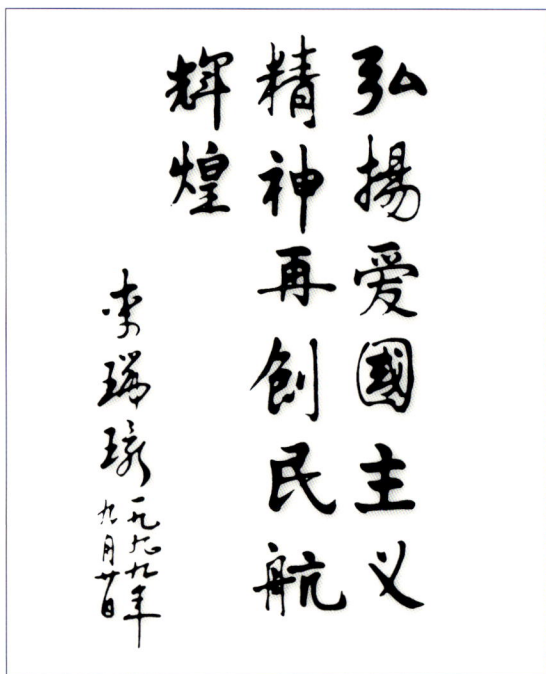

弘扬爱国主义
精神再创民航
辉煌

李瑞环 一九九九年九月

▲ 全国政协主席李瑞环为"两航"起义50周年题词。

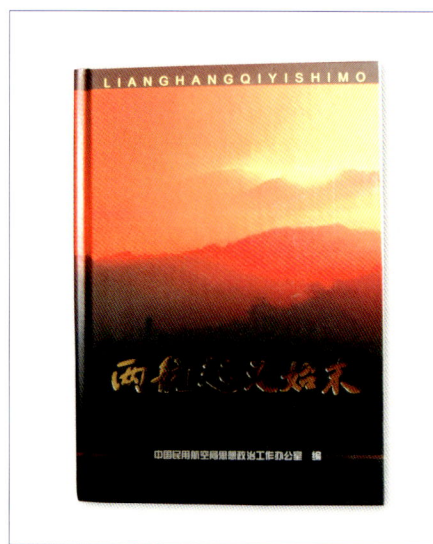

LIANGHANGQIYISHIMO

两航起义始末

中国民用航空局思想政治工作办公室 编

▲ 2009年11月"两航"起义60周年之际正式出版的《两航起义始末》。

中國航空公司

全體員工起義宣言及簽名

一九四九年十一月八、九日

▲ 1949年11月8日、9日，原中国航空公司全体员工起义宣言及签名册。

▲ 中央航空公司起义员工自愿回国为人民政府服务者签名册。

▲ "两航"起义北飞随机携带的天文航空六分仪及天文罗盘。（实物）

▲ 原中国航空公司印章。（实物）

▲ 原中国航空公司帽徽。（实物）

▲ 原中国航空公司胸章、标志牌等。（实物）

▲ 原中央航空运输公司印章。（实物）

▲ 原中央航空运输公司总经理陈卓林印章。（实物）

▲ 原中央航空运输公司帽徽。（实物）

▲ 原中央航空运输公司胸章、标志牌等。（实物）

中苏民用航空股份公司

1950年3月27日，中国政府与苏联政府在莫斯科签订了《关于创办中苏民用航空股份公司的协定》。同年7月1日，中苏民用航空股份公司正式成立，股本定额为4200万卢布，中苏双方各占50%，经营期限为10年。公司从即日起开辟北京—赤塔、北京—伊尔库茨克、北京—阿拉木图3条国际航线，新中国民航国际航线就此开通。1954年10月12日，中苏两国政府商定，自1955年1月1日起，将中苏民用航空股份公司中的苏方股份全部移交给中国。从1950年7月公司开办到1954年12月业务结束，该公司共经营了4年半时间。公司管理委员会主任、副主任和公司总经理、副总经理由中苏各派一人出任，两年轮换一次。第一届管委会主任为钟赤兵，总经理为谢德略列维奇，第二届管委会主任为达雷尼切夫，总经理为沈图。中苏民用航空股份公司的成立不但打破了西方对中国对外航空交通的封锁，同时为新中国民航初步建立了一套经营管理制度，配备了较为完善的技术设备，培养了一批技术干部和骨干业务人员。

▲ 1950年4月2日，《南方日报》报道中苏合办民航公司的消息。

▲ 1950年7月30日，《新闻日报》刊登中苏新开三航线、公司管委会成立的消息。

▲ 中苏民用航空股份公司工作人员给飞机加油。

▲ 中苏民用航空股份公司工作人员检修飞机。

▲ 1952年，中苏民用航空股份公司管理委员会会议在北京召开。图为会议代表在位于王府井的公司办公楼前合影。

◀ 中苏民用航空股份公司领导开会研究工作。

▶ 1954年，中苏民用航空股份公司第一批副驾驶。前排左起：蒋原犹、慕宗平、藤广善、赵武业；后排左起：黄旭春、刘经同、赵禄子、孙全贵、王清明。

▲ 中苏民用航空股份公司领导与苏联专家合影。

▲ 中苏民用航空股份公司的飞机。

▼ 1954年12月30日，中苏民用航空股份公司交接大会在北京饭店举行。

▼ 国务院副总理陈毅在中苏民用航空股份公司交接大会上讲话。

▼ 苏联民航总局局长热沃隆科夫在中苏民用航空股份公司交接大会上讲话。

▼ 中苏民用航空股份公司虽于1955年1月1日撤销，公司的航线业务和设施统由中国民航局接管经营，但随后的四五年里，中苏民航仍保持了良好的合作关系，中方聘请了大批苏联民航专家，传授经验，培训技术人员。1957年，苏联还赠送一架伊尔14型飞机，作为周恩来总理的专机。图为时任民航局第一飞行大队大队长张瑞霭同志在北京西郊机场向周总理报告专机试飞情况。

▲ 1955年1月1日，中苏民用航空股份公司中的苏方股份全部移交中国后，中国民航首次班机飞往伊尔库茨克，机长滕广善向欢送的群众致意。

民航局档案馆藏品

▲ 1956年，中苏民用航空公司工作总结。（原件）

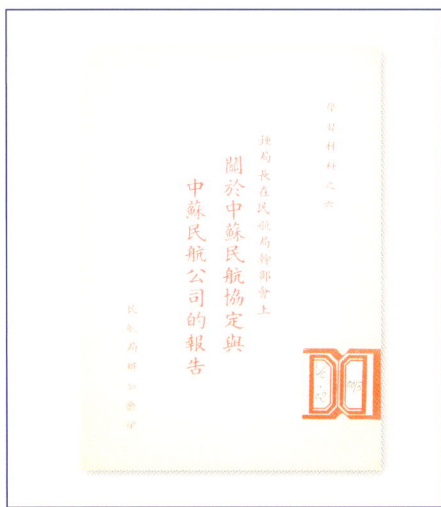

▲ 民航局局长钟赤兵在民航局干部会上关于中苏民航协定与中苏民航公司的报告。（原件）

"八一"开航

　　1950年7月21日，政务院批准同意民航局"自8月1日正式开航"的计划，首先开辟天津经汉口到广州和天津经汉口到重庆两条航线。7月29日下午，军委民航局在北京西郊机场举行"北京"号（"两航"起义原"空中行宫"CV-240型XT-610号）飞机命名典礼，军委民航局局长钟赤兵、中央军委代表李涛、华北军区空军航空处处长油江出席典礼并讲话，副局长唐凯为机身漆有毛泽东主席题写的"北京"两个大红字的飞机剪彩，民航局总飞行师潘国定代表机组人员讲话。命名仪式结束后，"北京"号飞机即由北京西郊机场调机天津张贵庄机场。7月31日，潘国定驾驶"北京"号飞机从天津张贵庄机场起飞，试航广州，试航经过一切良好。8月1日上午10时30分，"北京"号飞机自广州起航，中午经停汉口，下午6时10分抵津；民航139号飞机亦于上午8时30分自天津起飞，中午经停汉口，下午6时10分安抵重庆。新中国民航最早的国内航线由此正式开通，史称"八一"开航。

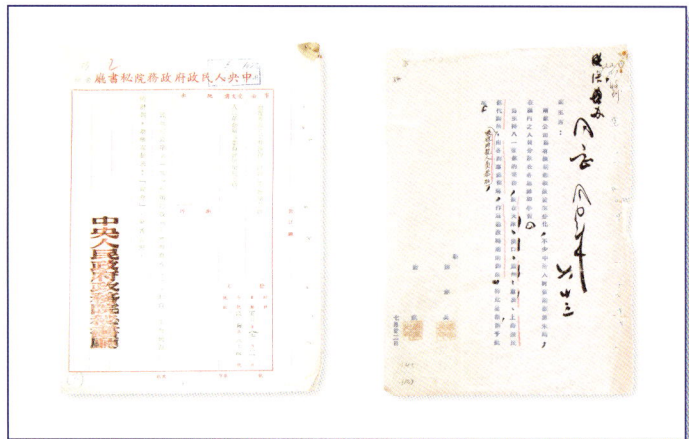

▶ 1950年7月，周恩来总理批准新中国民航"八一"复航计划。（原件）

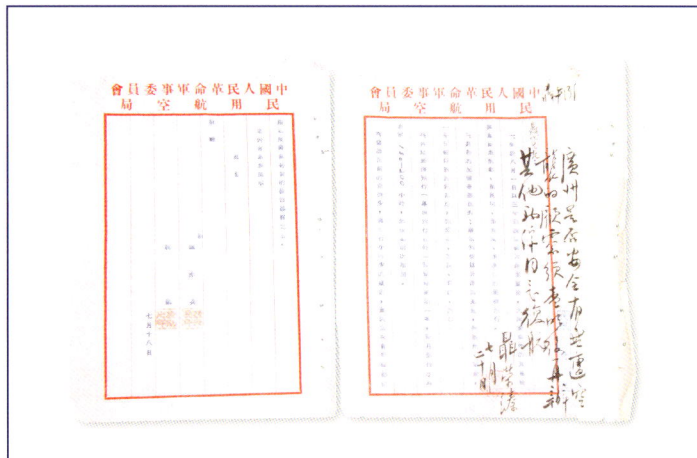

◀ 1950年7月，聂荣臻代总参谋长批准新中国民航"八一"复航计划。（原件）

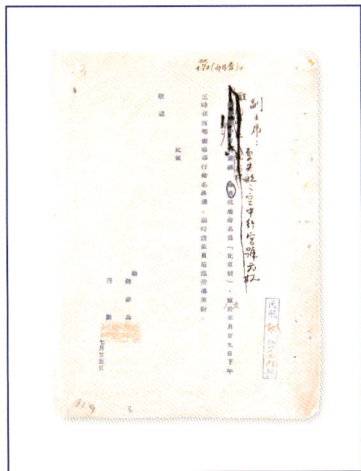

▲ 1950年7月25日，军委民航局局长钟赤兵、副局长唐凯给军委副主席周恩来《关于7月29日在北京西郊机场举行"北京"号命名典礼邀请中央军委派员参加的请示》。（原件）

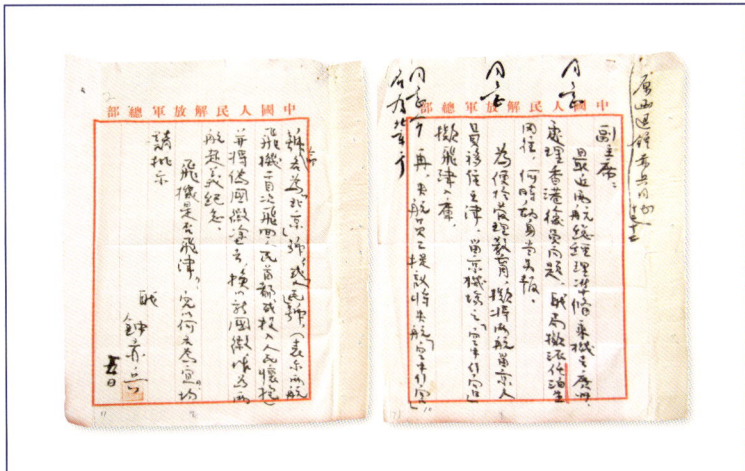

▲ 1950年7月，军委副主席周恩来同意将原中央航空公司潘国定驾驶的北飞起义主机（CV-240型XT-610号）命名为"北京"号的批示。（原件）

▶ "北京"号飞机。

◀ 1950年7月25日，周恩来总理批准民航局将"两航"起义北飞主机（CV-240型XT-610号）命名为"北京"号，毛泽东主席亲题"北京"二字。7月29日，军委民航局在北京西郊机场举行命名典礼。图为工作人员正为"北京"号剪彩作准备。

▼ 军委民航局副局长唐凯为"北京"号飞机剪彩。

▲ 军委民航局局长钟赤兵在"北京"号飞机命名典礼上讲话。

◀ 中央军委代表李涛在"八一"开航仪式上讲话。

▲ 1950年8月1日，"八一"开航全体人员在"北京"号飞机前合影。

▲ "八一"开航典礼时的热闹场景（广州航空站）。

▶ "北京"号机组人员在
飞机前合影（汉口航空站）。

▶ "北京"号机长、军委
民航局总飞行师潘国定。

◀ 军委民航局天津办事处处长王乃天
（左）、军委民航局顾问查夷平（右）、吴元超
（中）在"北京"号飞机前合影。

▶ 执行"八一"开航任务的139号机组人员
合影。（左起：副驾驶蔡志城、机长秦永堂、副
驾驶梁泰山、报务员霍荧晨）

▲ 准备起飞的"北京"号飞机。

▶ 《人民日报》报道新中国民航"八一"开航。

◀ 香港《大公报》报道新中国民航"八一"开航。

▲ 军委民航局举行庆祝"八一"开航晚会。

▲ 军委民航局汉口站举行庆祝"八一"建军节及"八一"开航一周年联欢会。

▲ 2000年8月1日，新中国民航"八一"开航50周年纪念大会在天津召开。

中国人民航空公司

　　1952年5月7日，政务院、中央军委作出《关于整编民用航空的决定》。同年7月17日，军委民航局发出通知："奉政务院和中央军委联合命令，设立中国人民航空公司。公司经理部设在天津镇南道40号，自即日起开始办公。" 8月5日，中央军委任命方槐为中国人民航空公司经理，李平为副经理。中国人民航空公司是新中国创办的第一个国营民用航空运输企业，周恩来总理为公司题写了司名。1953年6月9日，军委民航局局长朱辉照发布命令"为减少组织层次，统一业务管理，提高效率，以适应民航事业的发展，兹奉军委空军批示，着即将中国人民航空公司与局合并，自即日起执行"。中国人民航空公司尽管存在时间较短，却是新中国民航政企分开、改革管理体制的一次尝试。

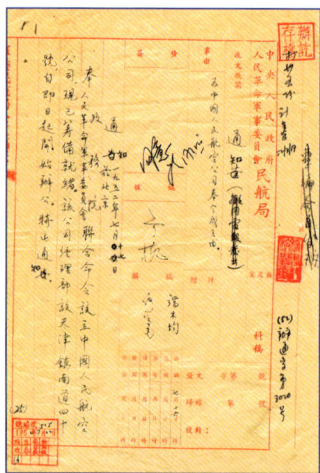

▲ 1952年7月17日，确定"中国人民航空公司办公地址"的通知。（原件）

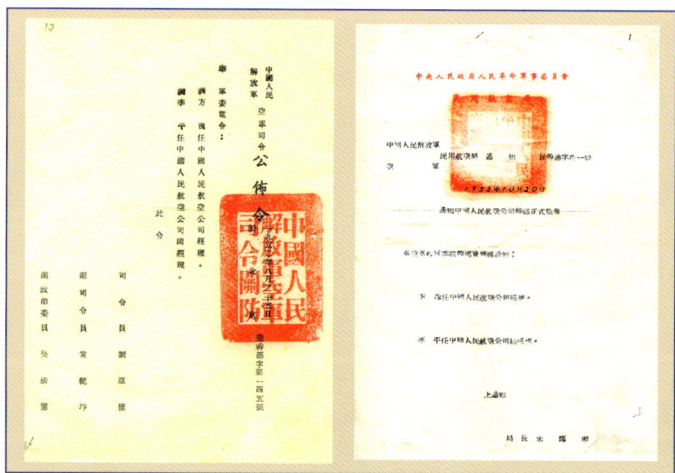

▲ 中国人民航空公司经理方槐、副经理李平的任命件。（原件）

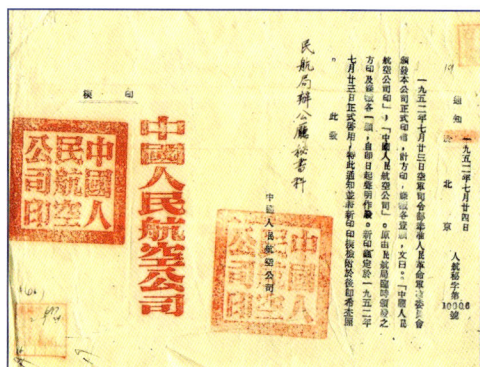

▲ 启用中国人民航空公司印章。（原件）

▲ 左起：方槐、李平。

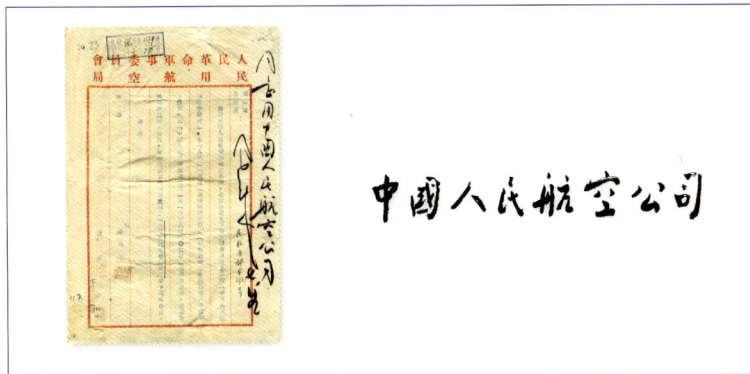

▲ 1952年7月27日，周恩来总理同意采用"中国人民航空公司"之名称的批示。（原件）

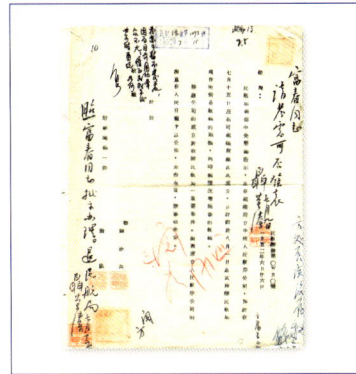

▲ 1952年10月20日，军委民航局同意采用的中国人民航空公司员工帽徽式样。（原件）

▲ 1952年6月28日，代总参谋长聂荣臻同意在《人民日报》发表"中国人民航空公司成立"消息的批示。（原件）

▲ 1952年7月19日，《人民日报》报道"中国人民航空公司成立"的消息。（原件）

▲ 1953年6月9日，军委民航局发布"中国人民航空公司与局合并"的命令。（原件）

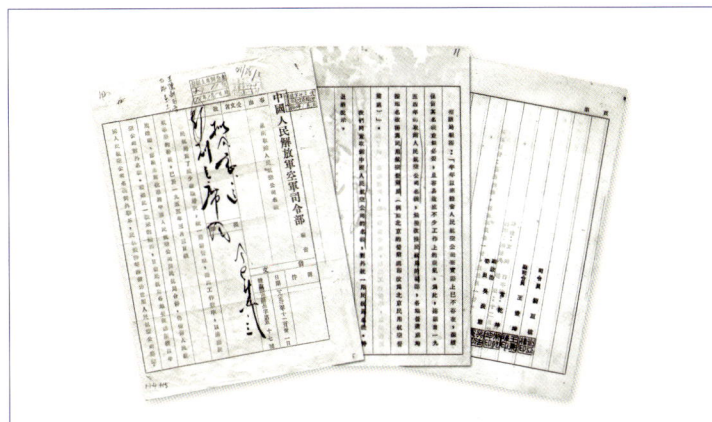

▲ 1954年1月3日，周恩来总理同意"撤销中国人民航空公司"的批示。（原件）

▲ 天津营业处。

▲ 武汉营业处。

▲ 广州营业处。

▲ 重庆营业处。

▲ 昆明营业处。

▲ 南宁营业处。

◀ 1952年9月15日至10月31日，北京市物资交流大会中国人民航空公司服务处。

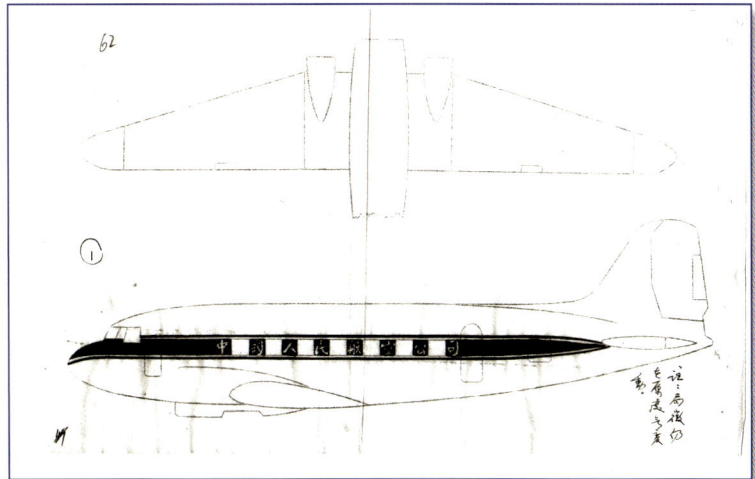

▶ 中国人民航空公司飞机标识设计图样。（原件）

▲ 中国人民航空公司C-46机群。

◀ 中国人民航空公司班车。

▲ 货运服务。

▲ 客运服务。

▲ 飞机养护。

▲ 航前准备。

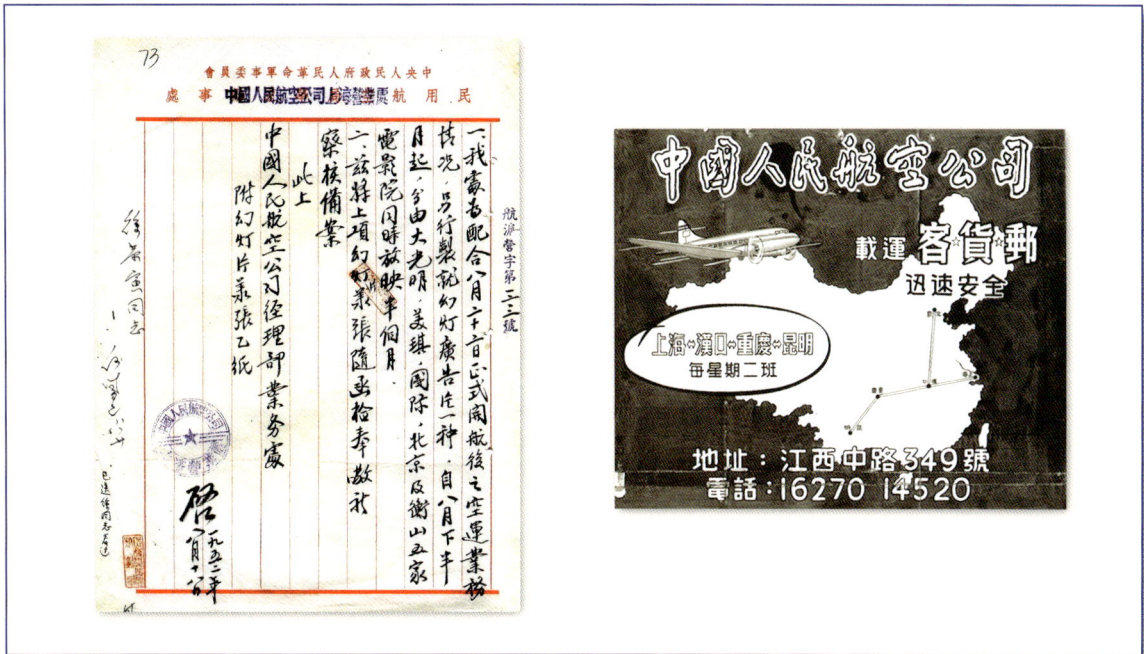

▲ 中国人民航空公司广告图样。（原件）

▲ 中国人民航空公司航班时刻、客货运价表。（原件）

▲ 中国人民航空公司航线图。（原件）

旧飞机修复和命名

　　新中国民航建立之初，由于航空器材和油料供应来源匮乏，即使按照"小飞"的经营方针，如果没有维修力量，不仅无法保证飞行安全，也会在很大程度上影响航班的正常飞行。为此，军委民航局于1951年初成立了太原机械修理厂、上海机械修理分厂和天津电讯修配所，后又改称民航第一、二、三修理厂，按专业分工，分别主要负责飞机发动机、飞机机身结构、航空仪表的维护和修理工作。工厂职工中，"两航"人员占了绝大多数。在设备不全、工具缺乏的情况下，广大员工群策群力，排除困难，陆续修复了国民党遗留在大陆的17架飞机（C-46型14架、C-47型2架、PBY型水陆两用飞机1架），这些飞机被命名为 "革新"号、"上海"号（另修复了"上海"二号至"上海"十号）、"中国青年"号、"天津"号、"广州"号、"国庆"号、"重庆"号、"武汉"号等，加上"两航"起义回归的12架性能良好的飞机，构成了新中国民航初期的机队主体。

"革新"号飞机

　▲ 1950年9月22日，修复命名的"革新"号（C-47型）飞机。

"上海"号飞机

◀ 1950年10月，民航职工把破损飞机拖往修理厂。

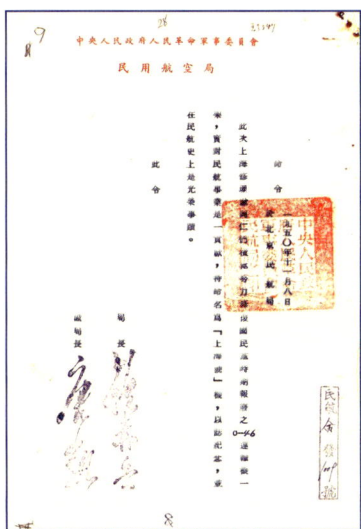

▲ 军委民航局局长钟赤兵、副局长唐凯签发"上海"号飞机命名的命令。（原件）

▲ 1950年11月9日，举行"上海"号飞机命名典礼。

▼ 修复一新的"上海"号飞机。

"中国青年"号飞机

◀ "中国青年"号检修情形。

▶ 军委民航局机械修理厂上海分厂参加修竣"中国青年"号的全体员工在飞机前合影。

◀ "中国青年"号修竣,民航中南办事处向上海修理分厂赠旗。

▲ 1951年5月4日，团中央在北京西郊机场举行"中国青年"号飞机命名典礼。

▲ 解放军总政治部副主任萧华、团中央书记冯文彬、副书记蒋南翔、军委民航局局长钟赤兵、军委民航局机械修理厂上海分厂厂长章华、国际青联代表分别在"中国青年"号飞机命名典礼上讲话。图为蒋南翔讲话。

▲ 《中国青年报》报道"中国青年"号的相关消息。

"天津"号飞机

▲ 1951年，民航职工正想办法把破损飞机从泥坑里拖出来。

◄ 飞机修理情形——在飞机副翼上喷漆。

▲ 飞机修理情形——安装发动机。

◄ 1951年7月4日，举行"天津"号命名典礼。图为民航华北办事处处长王乃天和民航局机务处处长葛燕璋在"天津"号飞机前合影。

"国庆"号飞机

▶ "国庆"号飞机。

▲ 1951年9月28日,在上海龙华机场举行"国庆"号飞机命名典礼。

▲ "国庆"号飞机剪彩。

▲ "国庆"号飞机飞经黄浦江上空。

飛越時空
纪念新中国民航成立60周年

辉煌成就
HUIHUANG CHENGJIU

航空安全接近航空发达国家水平

　　民航始终坚持"安全第一、预防为主、综合治理"的方针，深入贯彻落实持续安全理念，前移安全防范关口，强化安全生产责任制，重视安全规章标准的建设，切实加大安全投入，积极采用现代化的科技手段，在生产规模扩大、发展速度加快、行业不断改革的情况下，运输飞行和空防安全形势保持平稳。据统计，"六五"期间事故率是 5.42 次 / 百万飞行小时，"七五"期间事故率是 2.73 次 / 百万飞行小时，"八五"期间事故率是 2.95 次 / 百万飞行小时，"九五"期间事故率是 0.65 次 / 百万飞行小时，"十五"期间事故率是 0.19 次 / 百万飞行小时。我国航空安全接近航空发达国家水平。

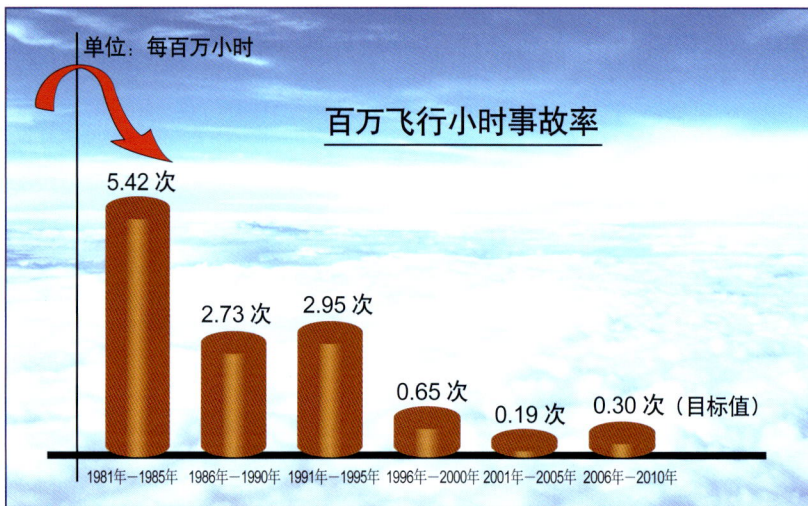

单位：每百万小时

百万飞行小时事故率

| 5.42次 | 2.73次 | 2.95次 | 0.65次 | 0.19次 | 0.30次（目标值）|

1981年—1985年　1986年—1990年　1991年—1995年　1996年—2000年　2001年—2005年　2006年—2010年

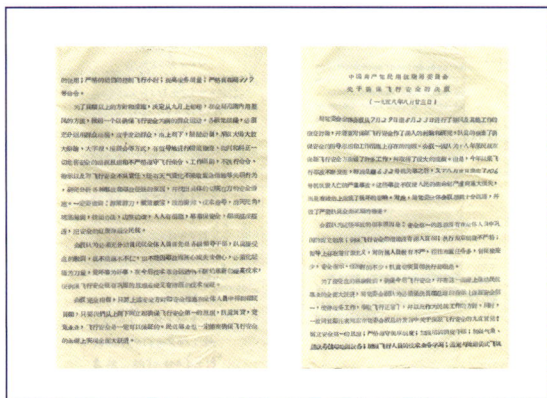

▲ 1958年8月23日，民航局党委《关于确保飞行安全的决议》中明确将周恩来总理"保证安全第一，改善服务工作，争取飞行正常"的指示作为民航工作的方针。（原件）

▲ 1977年8月11日，民航总局党委印发《关于认真贯彻周恩来总理"保证安全第一，改善服务工作，争取飞行正常"重要指示的决定》。（原件）

▲ 1982年8月14日，国务院副总理万里、国务委员耿飚、国务院秘书长杜星垣在中南海紫光阁接见杨继海英雄机组。(后排为民航局领导，从右至左：阎志祥、单世充、沈图、王亚民、郭浩、胡逸洲、林征)

► 1987年10月5日，国务院副总理李鹏出席民航"纪念周恩来总理'保证安全第一，改善服务工作，争取飞行正常'批示30周年大会"，并为特级飞行员颁奖。

► 安全飞行奖章。（实物）

▲ 1997年1月9日，江泽民、李鹏、吴邦国等中央领导同志接见全国民航安全工作会议代表。

▲ 2008年1月11日至13日，民航总局局长杨元元出席国际运输保安部长级会议。

◀ 2008年10月10日，民航局局长、党组书记李家祥在《人民日报》第七版发表《安全发展是实践科学发展观的必然要求》。

▶ 2008年12月8日，民航局局长、党组书记李家祥在《中国民航报》第一版发表《实现安全发展的关键在于落实责任》。

◀ 2009年1月5日，民航局局长、党组书记李家祥在《光明日报》第七版发表《把安全发展作为系统工程精心谋划》。

民航局档案馆藏品

▲ 1995年至2007年，民航总局陆续为以下单位颁发了航空安全金鹏杯：中国南方航空公司（1995年）、中国西南航空公司（1996年、2000年）、中国东方航空公司（1997年）、中国东方航空股份有限公司（1999年、2002年）、中国南方航空集团公司（2001年）、中国南方航空股份有限公司（2003年、2004年、2007年）、中国国际航空股份有限公司（2005年）、中国海南航空股份有限公司（2006年）。

▲ 1995年至2007年，民航总局陆续为以下单位颁发了航空安全金鹰杯：中国东方航空公司（1995年）、中国北方航空公司（1996年、1999年）、中国西北航空公司（1997年）、厦门航空有限公司（1998年、2001年、2004—2006年）、山东航空股份有限公司（2002年）、海南航空股份有限公司（2000年、2003年、2007年）。

▲ 1996年至2007年，民航总局陆续为以下单位颁发了航空安全金鸥杯：中国民航飞行学院（1996—1998年、2000年、2001年、2003年）、中国飞龙专业航空公司（1999年、2004年、2005年）、中信海洋直升机公司（2002年）、中信海洋直升机股份有限公司（2006年、2007年）。

▲ 1995年至2007年，民航总局陆续为以下单位颁发了航空安全金雁杯：厦门航空有限公司（1995—1997年）、云南航空公司（1998年）、山东航空公司（1999年）、中国新华航空公司（2001年）、中航浙江航空公司（2002年）、上海航空股份有限公司（2003年、2007年）、四川航空股份有限公司（2004年）、山东航空股份有限公司（2005年、2006年）。

民航行业管理体制日趋完善

　　民航从改革开放之初的政企不分、军民合一，通过多次有计划、有步骤的体制改革，实现了真正意义上的政企分离、政资分离。民航行业管理部门从既是行业管理者，又是企业资产所有者的双重角色中解脱出来，专注于行使规范管理航空运输业，实施航空安全和空中交通管理、组织协调重大紧急航空运输任务等行业管理职能，实现了向有限责任政府的转变。以《中华人民共和国民用航空法》为核心，覆盖行政规则、航空器、航空人员、空中交通管理、运行规则、运行合格审定、机场、经济与市场管理、航空安全信息与事故调查、航空安全保卫等民航业所有领域的政策体系不断完善。截至 2008 年，民航法规体系已有法律 1 部、行政法规和法规性文件 27 部、规章 114 部。由运输航空、通用航空、机场、空管、航空保障以及政府监管部门构成的民航系统，经过一系列的体制和制度改革，基本形成了各子系统配置合理、有序分工的局面，与社会主义市场经济体制相适应的行业管理体制基本建立，为民航协调发展奠定了坚实基础。

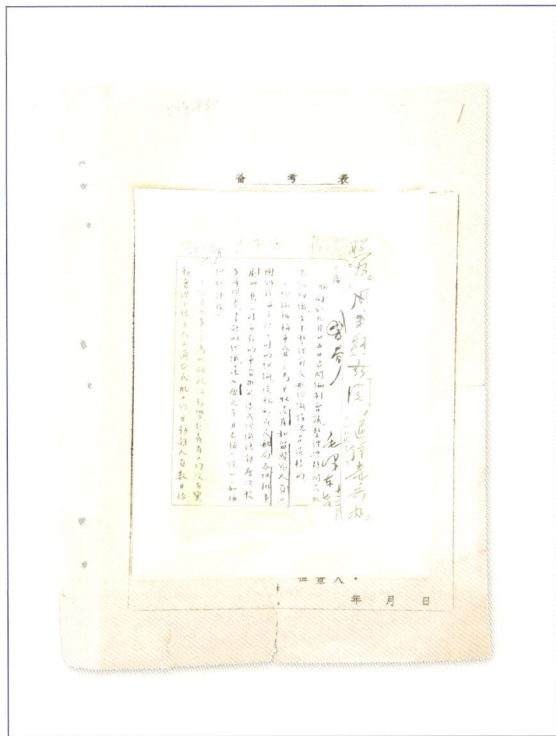

▲ 1951年，毛泽东主席对民航整编的批示。（复制件）

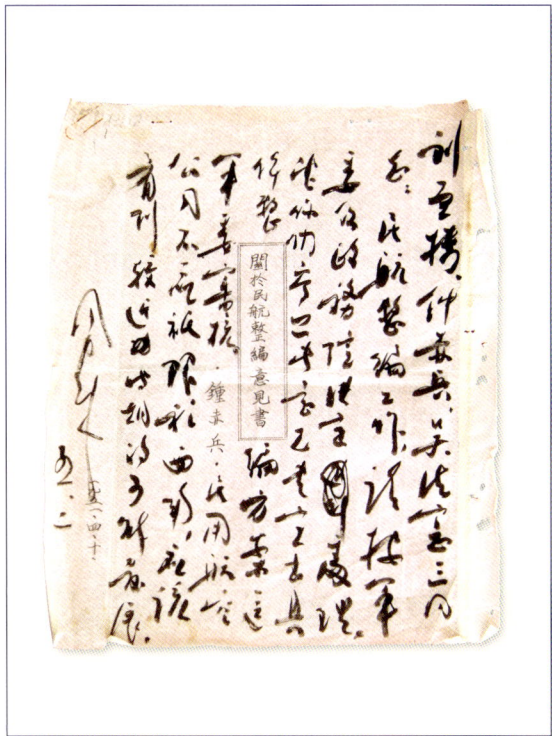

▲ 1951年，周恩来总理对民航整编的批示。(原件)

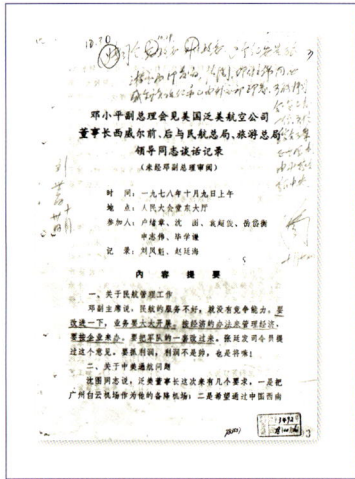

▲ 1978年10月9日，邓小平同志谈话记录（节选）。（原件）

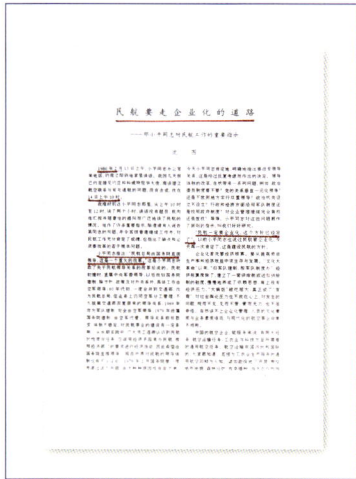

◀ 民航总局局长沈图对1980年2月14日邓小平同志关于"民航要走企业化的道路"重要指示的回忆摘录。

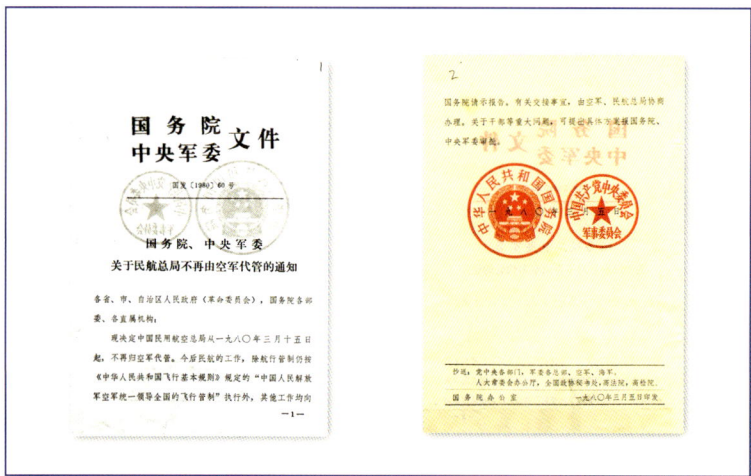

▶ 1980年3月5日，国务院、中央军委印发《关于民航总局不再由空军代管的通知》。（原件）

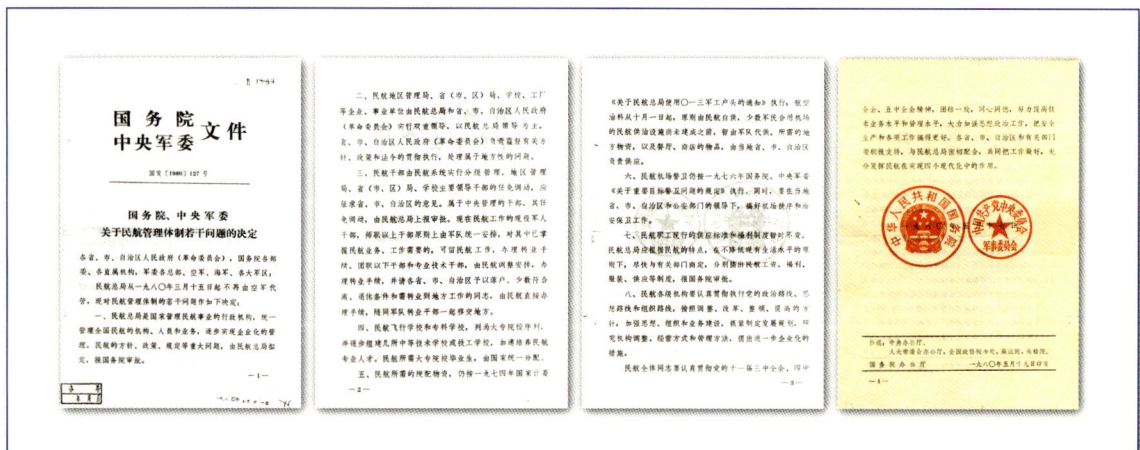

▲ 1980年5月17日，国务院、中央军委印发《关于民航管理体制若干问题的决定》。（原件）

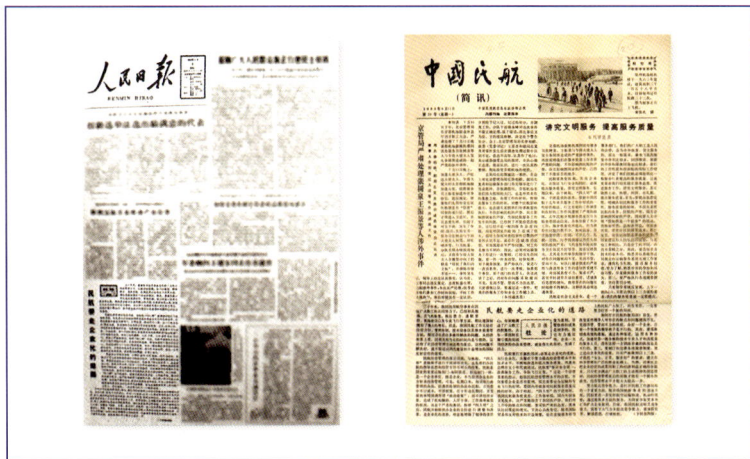

◀ 1980年8月4日，《人民日报》发表题为《民航要走企业化的道路》的社论，《中国民航报》进行了转载。同年，民航总局机关按照国务院、中央军委批准的新编制进行整编。

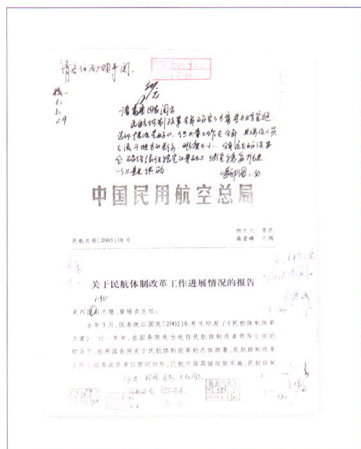

▲ 2003年1月，吴邦国副总理对民航体制改革的批示。(复印件)

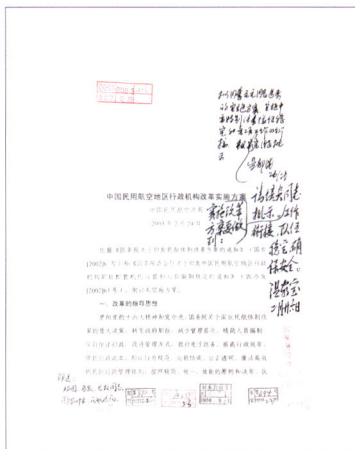

▲ 2003年2月，温家宝、吴邦国副总理对民航地区行政机构改革的批示。(复印件)

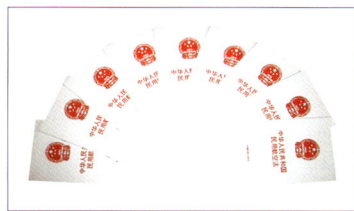

▲ 1996年3月1日，《中华人民共和国民用航空法》施行，标志着我国民航进入了依法治理的阶段。（实物）

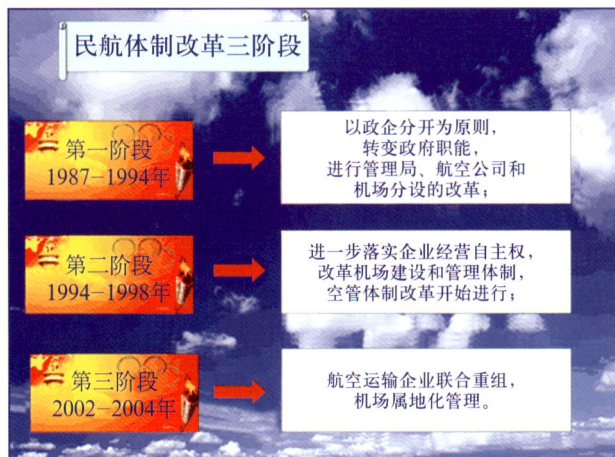

民航体制改革三阶段

第一阶段 1987-1994年 → 以政企分开为原则，转变政府职能，进行管理局、航空公司和机场分设的改革；

第二阶段 1994-1998年 → 进一步落实企业经营自主权，改革机场建设和管理体制，空管体制改革开始进行；

第三阶段 2002-2004年 → 航空运输企业联合重组，机场属地化管理。

◀ 民航体制改革三阶段。

▲ 1987年10月15日，民航西南管理局、中国西南航空公司和成都双流机场成立，拉开了民航管理体制重大改革的序幕。

▲ 2002年10月11日，中国航空集团公司、中国东方航空集团公司、中国南方航空集团公司、中国民航信息集团公司、中国航空油料集团公司、中国航空器材进出口集团公司六大集团成立，民航新一轮体制改革启动，成为民航历史上最深刻、最彻底的一次政企分离改革。

▲ 2004年7月8日，甘肃民航机场移交签字仪式暨中国民用航空甘肃安全监督管理办公室、甘肃机场集团有限公司成立大会召开，民航机场属地化管理改革任务基本完成。

▲ 2009年3月7日，民航局下发《关于民航安全监督管理办公室更名为民航安全监督管理局的通知》。3月24日，中国民用航空天津安全监督管理局揭牌。

▲ 中国民航信息集团公司、中国航空器材进出口集团公司、中国航空油料集团公司设施设备。

航空运输持续快速发展

　　初创时期的新中国民航规模很小，基础薄弱，仅有 12 架小型飞机和 3 条国际航线、9 条国内航线。2008 年底，我国定期航班航线总数已达 1532 条，其中，国内航线 1235 条（包括港、澳地区航线 49 条），国内有 160 个机场开通了定期航班；国际航线达到 297 条，通航 46 个国家的 104 个城市，网络已经覆盖世界五大洲。改革开放 30 年来，中国民航的运输总周转量、旅客运输量和货邮运输量，年均增长率分别为 17.5%、15.9% 和 14.9%（以上均未包括港、澳、台民航运输量）。我国航空运输平均增长速度高出世界平均水平两倍多。

新中国民航运输数据对比表

年　度	旅客运输量	货邮运输量
1950 年	1.04 万人次	767 吨
1978 年	230.91 万人次	6.4 万吨
2008 年	1.9 亿人次	407.6 万吨

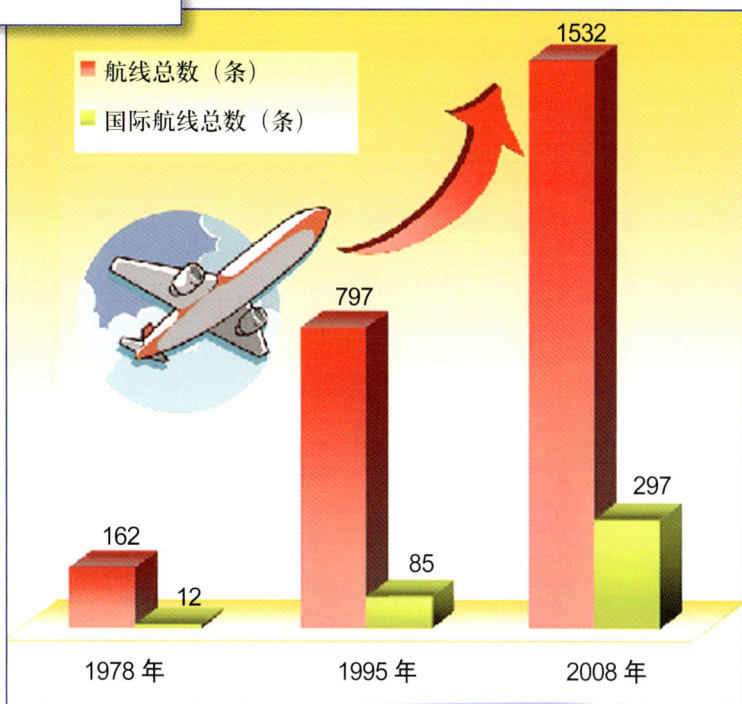

▶ 改革开放以来，我国民用航空航线增长示意图。

◀ 1952年民用航空飞行航
线图。（原件）

▶ 1954年国内航线示意
图。（原件）

▲ 1955年中国民航国内国
际航线图。（原件）

▲ 1955年国内航邮路线图。（原件）

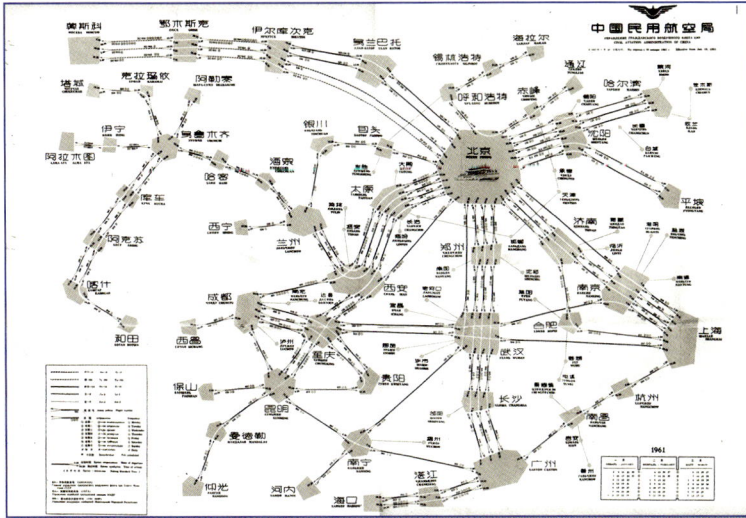

▲ 1961年中国民航航线图。（原件）

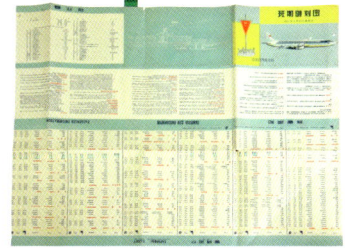

▲ 1961年航线班期时刻表。（原件）

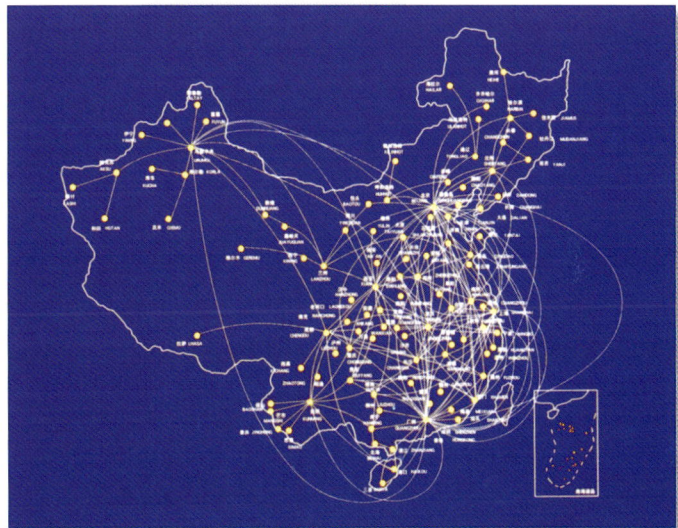

▶ 2008年中国民航国内航线图。

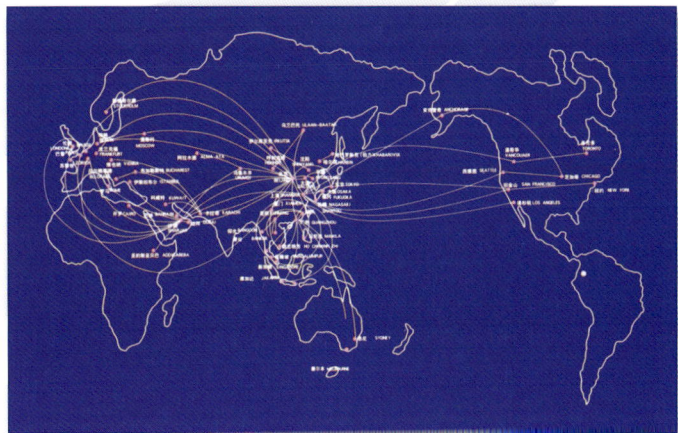

▶ 2008年中国民航国际航线图。

◀ 50年代国际航班机组。

▶ 50年代，"十八姐妹"之一马鸿志同志在飞机上服务。

▲ 50年代，新中国第一代女乘务员——"十八姐妹"。（张素梅、宛小恒、寇淑荣、宋淑敏、李雅慧、陈淑华、马鸿志、李淑清、郭肇贤、康淑琴、王绍勤、朱玉芳、石秀英、王竹报、张若兰、沈伦、李淑敏、孔宪芳）。

▲ 1956年4月11日，中国民航开辟昆明—曼德勒—仰光国际航线。

▶ 1964年4月，毛泽东、刘少奇、彭真、陈毅等党和国家领导人接见前来参加庆祝中巴通航的巴基斯坦友人。

▶ 1964年4月29日，巴基斯坦国际航空公司开辟达卡—上海国际航线。图为在上海虹桥国际机场举行开航典礼。

▶ 1965年5月28日至6月10日，中国民航首次执行并顺利完成周恩来总理访问非洲任务。图为周恩来总理同张瑞霭机组全体同志合影。

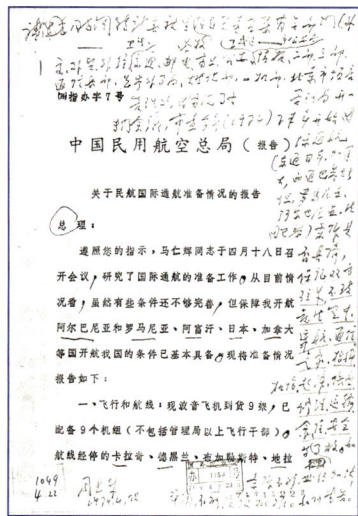

▲ 1974年4月22日，周恩来总理在民航总局《关于民航国际通航准备情况报告》上的批示。（原件）

▲ 1980年11月15日，北京—卡拉奇—法兰克福—伦敦国际航线开航。

▲ 1981年1月，北京—上海—旧金山—纽约国际航线开航。

▲ 50年代，新疆民航的专业飞行队伍。

◀ 1956年7月，专业航空作业——在国营友谊农场为麦田施肥。

▶ 50年代，专业航空作业——广州市上空执行灭蚊蝇飞行作业。

▲ 林区防火。

▲ 海上作业。

专业航空是民航各业的一翼，应该不断打大服务项目，提高作业质量，为国民经济中发挥更大作用。

沈图
一九八二年三月

▲ 1982年3月，民航总局局长沈图为专业（通用）航空题词。

▼ 飞行撒药。

民航局档案馆藏品

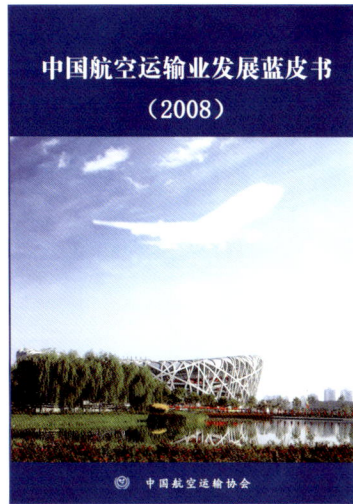

▲ 民航运价改革是民航改革的一项重要内容。图为国家发改委、民航总局印发的有关文件。（原件）

▲ 2008年《中国航空运输业发展蓝皮书》。

▲ 1988年至2006年飞机客票。（实物）

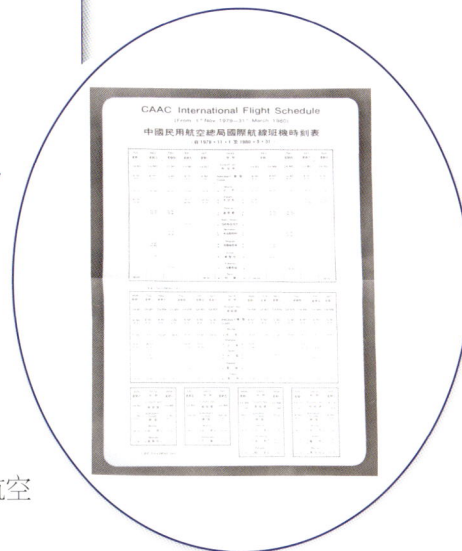

▶ 1979年11月至1980年3月中国民用航空总局国际航线班机时刻表。（原件）

应急救援和航空保障作用突出

民用航空是社会公共服务体系和应急救援体系的重要组成部分。航空运输为邮政、医疗救护、治安监控、环境监测、边海防巡查、城市消防提供运输服务。在应急救援方面，航空运输和通用航空通过货物运送，向面临自然灾害、饥饿和战争的人们提供必要的人道主义救援。民航在我国抗击冰雪灾害、汶川抗震救灾、第29届奥运会和残奥会火炬传递和航空运输保障上发挥了突出的作用。

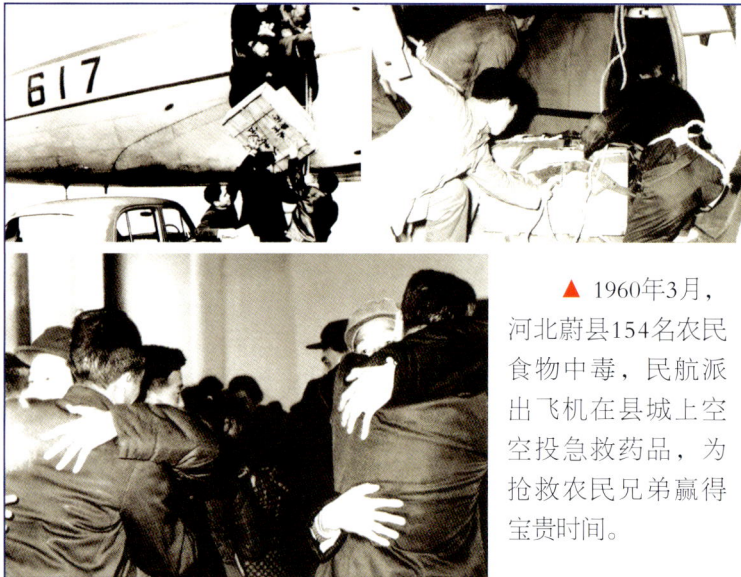

▲ 1960年3月，河北蔚县154名农民食物中毒，民航派出飞机在县城上空空投急救药品，为抢救农民兄弟赢得宝贵时间。

▲ 1964年3月23日，河北邢台地震后，民航派19架飞机紧急空投和装运救灾物资。

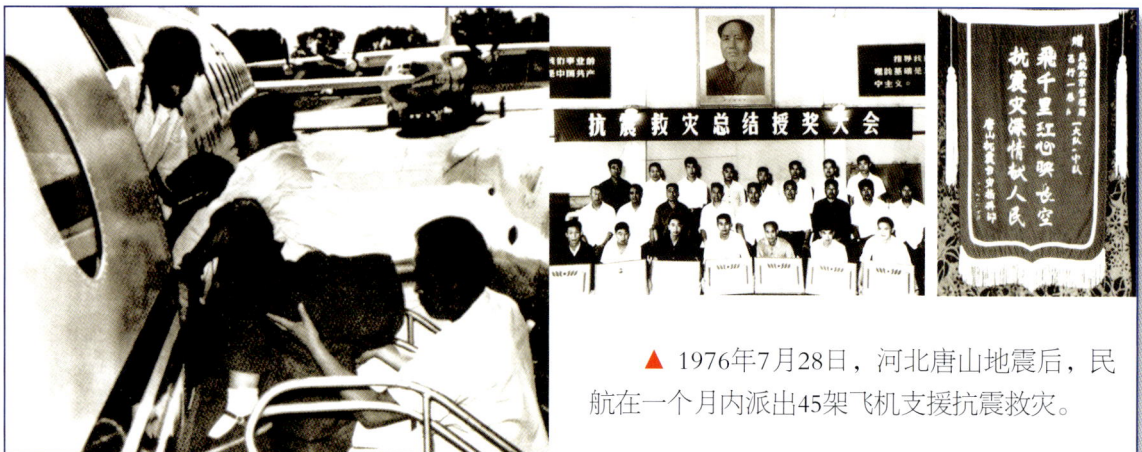

▲ 1976年7月28日，河北唐山地震后，民航在一个月内派出45架飞机支援抗震救灾。

▲ 2008年1月，我国南方大部分省市遭遇了罕见的冰冻灾害。在党中央、国务院的正确领导下，民航总局党委紧急部署，沉着应对，全行业众志成城，全力以赴，迅速打响了一场以保安全、保畅通为目标的抗击冰雪灾害的战役。经过全体民航人协力同心的团结奋战，中国民航经受住了严峻考验，向党和人民交上了一份合格的答卷。

◀ 2008年5月15日，中共中央总书记、国家主席胡锦涛飞抵绵阳机场指导抗震救灾工作。

▶ 2008年5月24日，国务院总理温家宝、副总理回良玉到成都双流机场视察抗震救灾物资集散转运工作。

◀ 2008年5月30日，全国政协主席贾庆林到广汉民航直升机抗震救灾基地视察。

▲ 运送部队。

▲ 同心接力。

▲ 抢运伤员。

▲ 空中吊运。

　　2008年，"5·12"四川汶川特大地震发生后，在铁路、公路交通几近瘫痪的危难时刻，民航紧急调集飞机，拉响了大救援的"集结号"。截至6月30日，民航局共组织执行飞行任务1600余班，运送部队、武警、消防官兵和医疗人员51098人次。民航人用忠诚和出色的工作为抗震救灾的胜利做出了重要贡献。

▲ "奥运圣火"号专机宣誓仪式。

▲ 2008年奥运会、残奥会期间，北京等涉奥地区机场飞行总起降量达84886架次，民航系统圆满完成涉奥专机、公务机、包机共1604架次的保障任务。

▲ 2008年8月24日，第29届奥组委首都国际机场场馆运行团队合影。

▲ 2008年8月29日，奥运冠军赴港前在"奥运吉祥"号前合影。

▲ 《航空旅行预防传染性非典型肺炎基本知识》。

▲ 2003年，抗击"非典"公告。

▲ 1998年9月，民航抗洪救灾荣誉证书。（实物）

▲ 2008年，民航抗击南方低温雨雪冰冻灾害的捐赠证书。

◀ 《共筑抗震通天路——2008年西南民航抗震救灾纪实》。

▲ 2004年6月，第29届奥组委为民航总局颁发的雅典奥运火炬北京传递活动的荣誉牌匾。（实物）

▲ 2008年，北京奥运会火炬接力荣誉证书。（实物）

▲ 首都国际机场公安分局《奥运安保工作纪实》。

民航局档案馆藏品

民航机场建设成绩巨大

建国初期，我国（含港、台）仅有民用机场36个，规模小、设备简单。1958年3月新建的北京首都机场、1964年扩建的上海虹桥机场和广州白云机场相继投入使用。到2008年底，我国有运输机场160个（不含港、澳、台），其中，4F级机场3个，4E级机场28个，4D级机场40个，4C级机场71个，3C级机场17个，1B级机场1个。

◄ 我国利用外国政府贷款兴建的第一个国际机场——厦门高崎机场。

▼ 钢板道面的机场。

▼ 1960年5月31日，民航北京管理局张瑞霭、孙权贵机组驾驶伊尔－18型206号飞机试航拉萨成功，此后不久，北京—拉萨正式通航。图为飞机飞到当雄机场，藏胞们前来观看，并向机组敬献哈达和鲜花。

▲ 1956年5月，北京—广汉—拉萨航线试航成功。图为试航飞机飞到布达拉宫上空。

▼ 我国现有高原机场（海拔1500米及以上）21个，是世界上高原机场数量最多的国家。1995年4月修复启用的西藏邦达机场是世界上海拔第二高的机场，海拔高度为4334米。

▲ 澳门国际机场。

▲ 50年代的香港启德机场。

▶ 香港国际机场。

▶ 1958年3月1日，北京首都国际机场启用。

◀ 2004年3月28日，北京首都国际机场扩建工程开工奠基仪式。

▼ 2008年2月29日，北京首都国际机场三号航站楼正式投入使用。

▲ 1984年9月22日，上海虹桥国际机场扩建工程竣工并投入使用。

▲ 1997年10月15日，中共中央总书记江泽民为上海浦东国际机场奠基。

▼ 1999年9月17日，上海浦东国际机场一期工程竣工通航。2008年3月26日，二期工程竣工投入使用。

▲ 20世纪80年代，广州白云国际机场航站楼。

◀ 2002年1月13日，国务院副总理吴邦国视察广州新白云国际机场建设工地。

▲ 2004年8月2日，广州新白云国际机场正式投入使用。

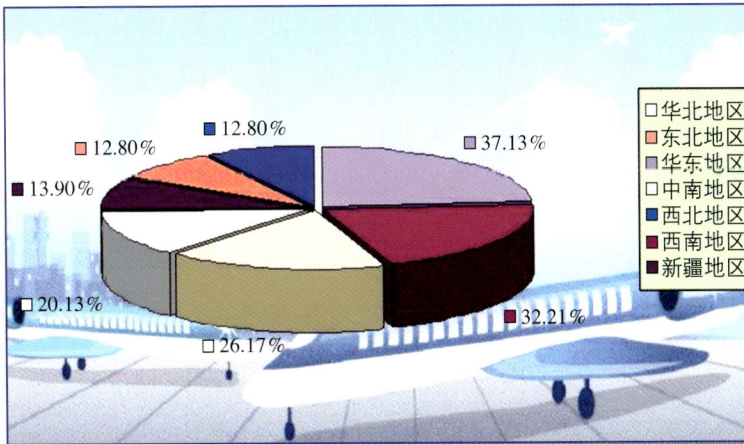

图例：
- 华北地区
- 东北地区
- 华东地区
- 中南地区
- 西北地区
- 西南地区
- 新疆地区

37.13%
12.80%
12.80%
13.90%
20.13%
26.17%
32.21%

◀ 2007年中国各地区机场分布数量比例图。（未含港、澳、台地区）

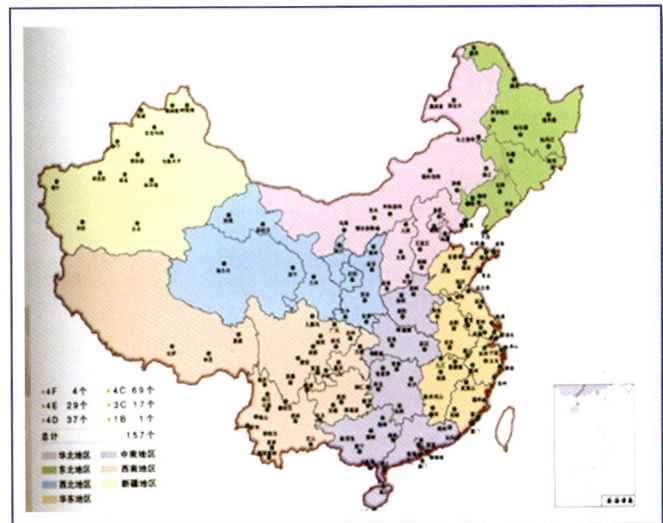

▶ 2008年底中国民用机场分布图。（未含港、澳、台地区）

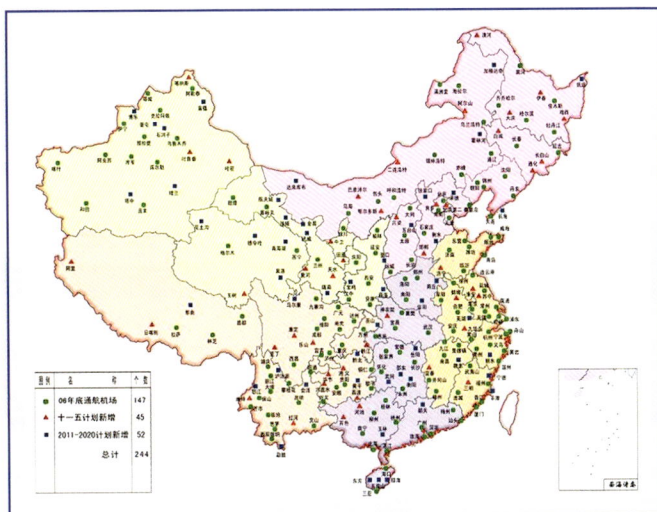

◀ 2020年中国民用机场布局规划图。（未含港、澳、台地区）

民航局档案馆藏品

▲ 2007年12月28日，民航总局、国家发改委印发《民用机场收费改革方案》。（原件）

▲ 《民用机场管理条例》单行本。（实物）

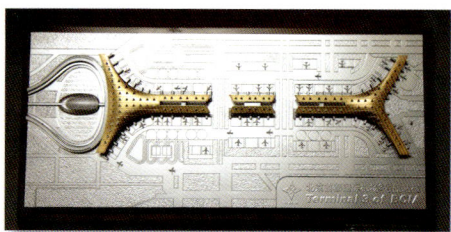

▲ 北京首都国际机场三号航站楼模型。（实物）

▲ 上海浦东国际机场通航纪念。（实物）

▲ 广州白云国际机场通航纪念。（实物）

▲ 西安咸阳国际机场、重庆江北机场、呼和浩特白塔机场、哈尔滨太平国际机场、浦东国际机场、青岛国际机场工程纪实。（光盘）

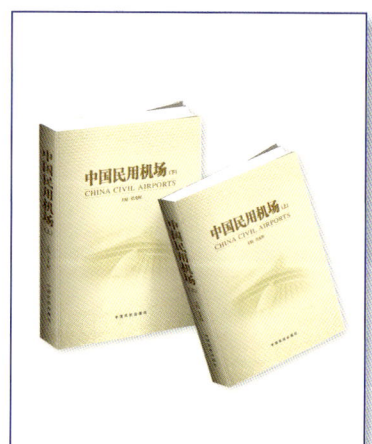

▲ 《中国民用机场》（上、下册）。

空中交通管理日新月异

改革开放以来，伴随着民航体制改革的逐步深化，空管体制改革稳步推进，1989 年成立了民航总局航务管理中心。从 1994 年到 1998 年，在航务管理中心的基础上，民航总局空管局和各地区管理局所属的六大地区空管局成立。2002 年，民航进行了机场与空管部门分立的改革，组建了 37 个空管中心（站），初步形成了集中统一的民航空管业务运行管理体系。2007 年 4 月 9 日，民航开始对空管进行"政事分开、运行一体化"改革。自中南地区开始试点，到 9 月 5 日民航新疆空管局成立结束，此次改革建立健全了政府空管监管体制，实现了政府管理职能与系统运行职能公开；建立了垂直管理的空管系统，实现了运行一体化。

◀ 早期的新疆乌鲁木齐（迪化）机场调度指挥楼。

▲ 20世纪70年代，西沙群岛东岛导航台。

◀ 20世纪50年代，调度员在塔台上指挥民航飞机。

▲ 目前，我国民航建有42个高空、中低空、终瑞（进近）管制中心及自动化系统，建立了专用卫星通信网、数据通信网、气象数据库和信息服务网络、航空情报自动化系统。图为前散射仪。

▲ 民航空管设施日益完善，为航空安全提供了有力保证。现已开设国际航线航路147条、国内航线航路221条，全国"天路"总里程近15万公里。图为ILS定位信标天线。

▲ 现代化的塔台。

▶ 空中交通管制员在现代
化的塔台上指挥民航飞机。

▲ 2008年6月25日，中共中央总书记、国家主席胡锦涛在北京首都国际机场塔台听取奥运保障工作汇报。

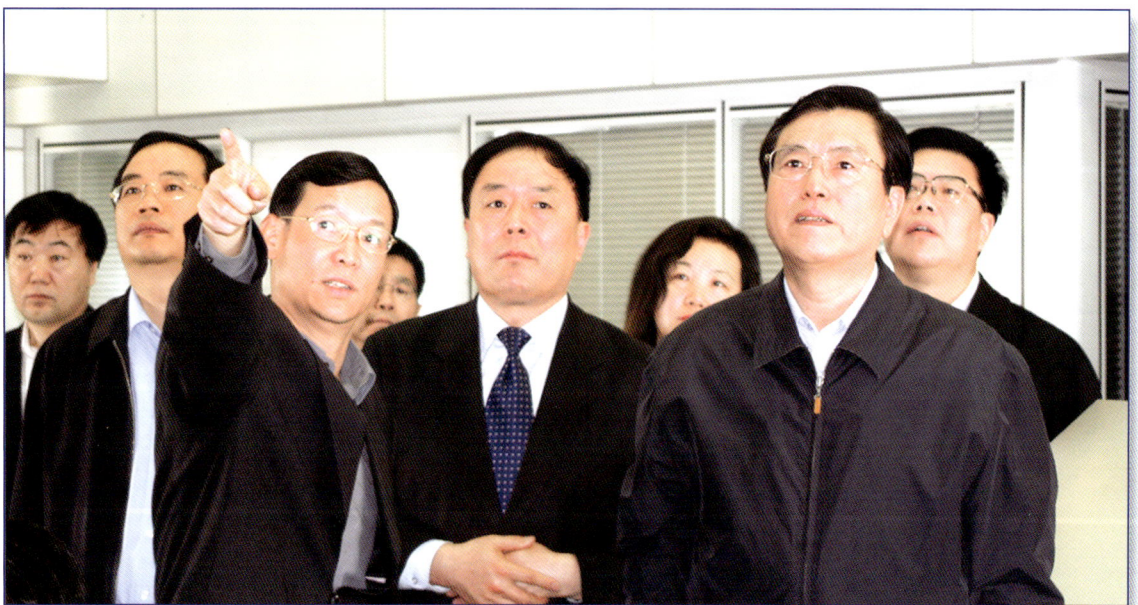

▲ 2008年5月28日，国务院副总理张德江在民航局局长李家祥的陪同下，到民航局空管局运行管理中心视察。

中国民航自动转报网拓扑结构图

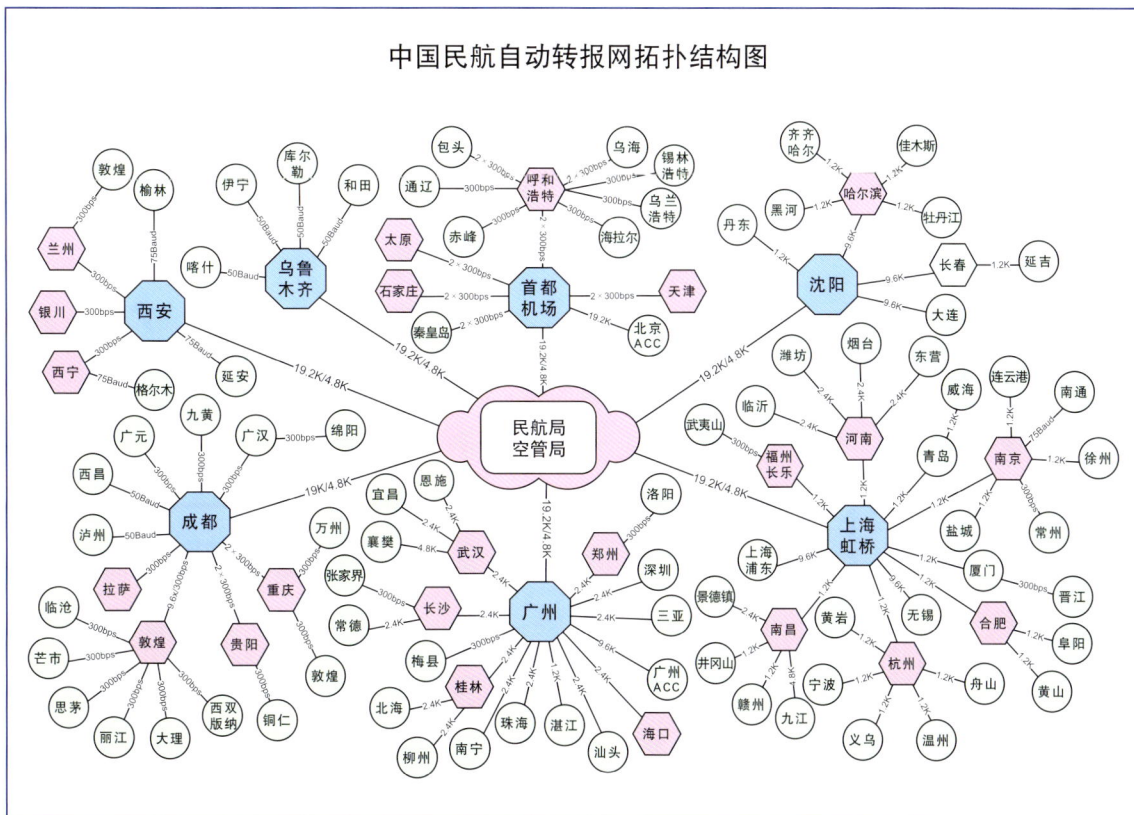

民航局空管局

敦煌 榆林 伊宁 库尔勒 和田 包头 通辽 呼和浩特 乌海 锡林浩特 乌兰浩特 海拉尔 齐齐哈尔 佳木斯 哈尔滨 黑河 牡丹江 丹东

兰州 喀什 乌鲁木齐 太原 赤峰 首都机场 天津 长春 延吉 沈阳 大连

银川 西安 石家庄 秦皇岛 北京ACC 潍坊 烟台 东营 连云港 南通

西宁 格尔木 延安 绵阳 武夷山 临沂 河南 威海 青岛 南京 徐州

九黄 广元 广汉 恩施 宜昌 洛阳 福州长乐 盐城 常州

西昌 成都 万州 襄樊 武汉 郑州 上海虹桥 厦门 晋江

泸州 张家界 长沙 深圳 景德镇 上海浦东 无锡 合肥 阜阳

临沧 拉萨 重庆 贵阳 常德 三亚 黄岩 南昌 宁波 杭州 舟山

芒市 敦煌 梅县 桂林 广州 广州ACC 井冈山 赣州 九江 义乌 温州 黄山

思茅 丽江 大理 西双版纳 铜仁 北海 柳州 南宁 珠海 湛江 汕头 海口

中国民用航空飞行校验中心

◀ 中国民用航空飞行校验中心。

▶ 2009年9月5日，民航校验飞机首次降落西藏阿里昆莎机场。

　　"十五"期间，在北京、上海、广州地区分别建设现代化、标准化、网络化的区域管制中心，形成支撑我国东部地区空管体系的三大支柱。

▲ 北京区域管制中心。

▲ 上海区域管制中心。

▲ 广州区域管制中心。

飞行标准工作稳步提高

飞行标准工作是民航安全运行管理和持续发展的主要手段之一。从 1950 年颁布的第一部《飞行基本规则》起，到 1989 年 11 月，首次将飞行安全运行涉及的行业管理标准纳入航空安全管理体系，形成飞行标准管理理念，再到今天一个较为完整的民航飞行标准工作体系的确立，民航的飞行标准工作已走过了探索期，逐步迈向成熟。

至 2007 年底，民航飞行运行、机务维修、航务管理、航空卫生等部门规章已达 21 部。全国共有持飞行驾驶执照人员 14533 人，其中私用驾驶员执照 1054 人，商用驾驶执照 6526 人，航线运行驾驶员执照 6953 人（以上不包括外籍人员）。民用航空器维修人员 11858 人，签派员 2759人，颁发 84 名特许航空人员体检合格证，71 名军转民飞行员航空人员体检合格证，69 名首批外籍飞行人员航空体检合格证，2008 年 9 月 10 日通过运行合格审定、颁发运行合格证的航空公司 46个，其中 1 个已取消，4 个已合并运行。

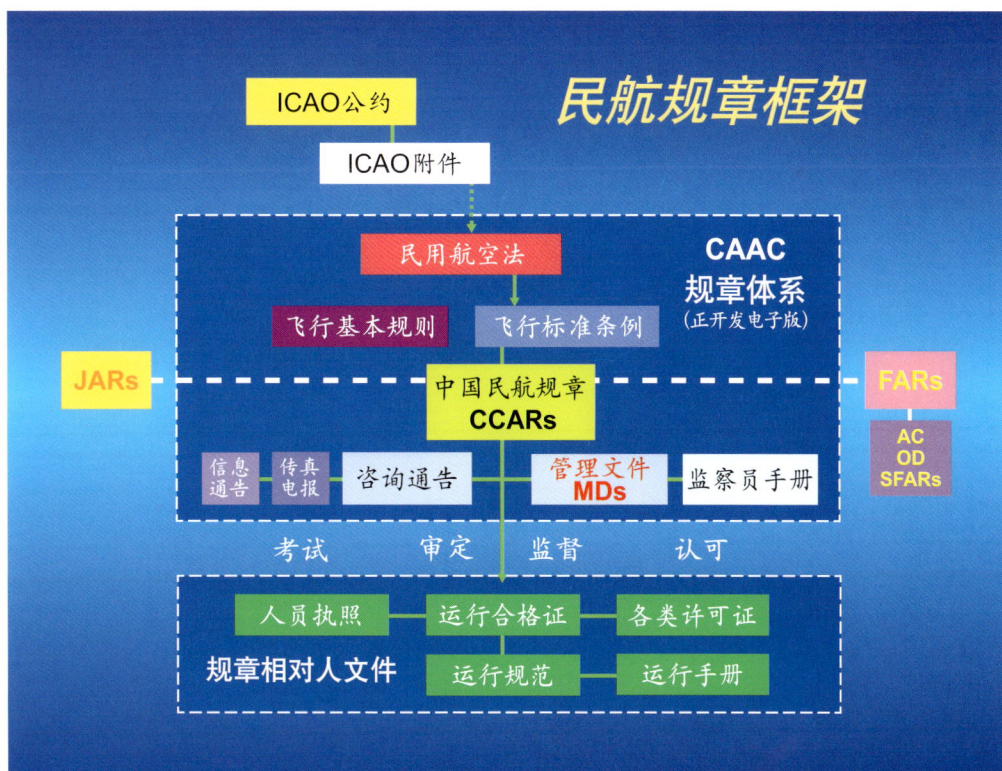

民航规章框架

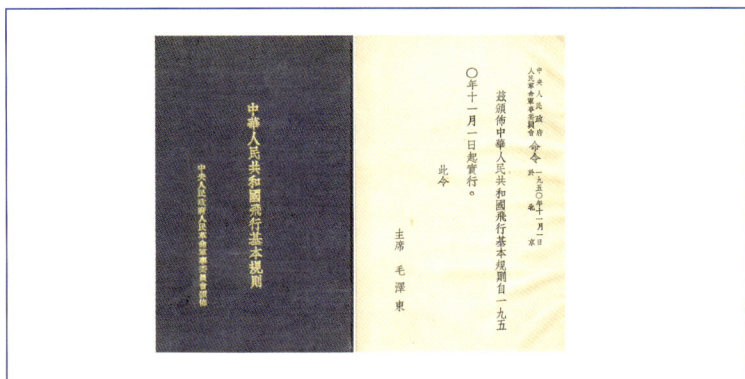

▲ 1950年11月1日，毛泽东主席签发命令，颁发《中华人民共和国飞行基本规则》。（实物）

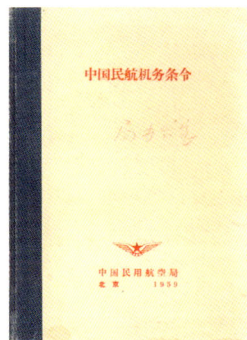

▲ 1959年，民航局发布《中国民航机务条令》。（实物）

▲ 民航（总）局颁发的有关飞行条令、规则。（实物）

▲ 2003年1月10日，国务院、中央军委颁发《通用航空飞行管理条例》。（实物）

▲ 1960年，民航机务工作会议全体同志合影。

▲ 1996年8月20日，全国民用航空维修工作暨先进集体、个人表彰大会代表合影。

▲ 1989年，中国民航最早的飞机维修合资企业——北京飞机维修工程有限公司（Ameco）成立。图为公司四机位库。

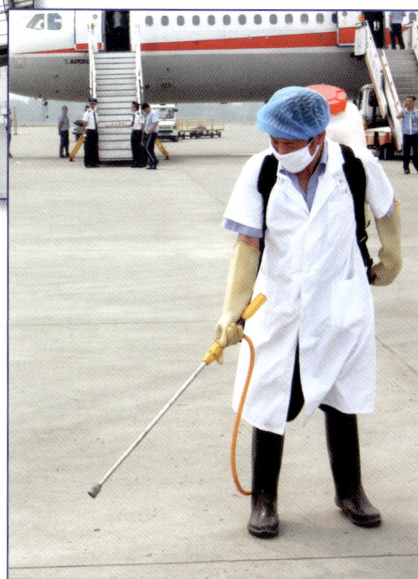

▶ 机坪消毒。

民用航空器适航审定工作成果显著

民用航空器的安全是我国民航从业人员为之不懈努力的首要目标。以 1987 年 5 月 4 日《中华人民共和国民用航空器适航管理条例》的颁布为起点，我国民航的适航管理在法律规章的建立、国际适航双边关系的发展、航空产品适航审定及航空器的国籍登记等方面取得了骄人的成绩。

——制定发布了适航规章体系，并不断充实完善，使之完全与国际接轨，成为国际上比较统一全面的适航规章体系之一。

——截至 2008 年 6 月 30 日，民航局已与美国、巴西、德国、法国等 12 个国家或联合体签署双边适航协议或其他合作协议。

——改革开放 30 年来，民航局适航部门已颁发各类适航证件共计 2855 份，颁发出口适航证 375 份，执行航空器单机适航检查 4431 次。审查和批准民用航空产品和零部件设计和制造，颁发民用航空产品型号合格证 21 份、补充型号合格证 20 份、改装设计批准书 97 份、型号设计批准书 14 份、生产许可证 21 份；颁发零部件制造人批准书 90 份、技术标准规定项目批准书 36 份。

——新中国民航建立的前 20 余年，我国民航飞机上没有国籍标志，机上喷涂中华人民共和国国旗、中国民用航空局局徽和周恩来总理"中国民航"手迹，至 1974 年，开始与国际接轨，采用国际民航组织确认的中国航空器国籍标志"B"。截至 2008 年 6 月 30 日，民航局适航审定部门已对 2057 架航空器进行了国籍登记注册，其中运输类航空器 1214 架，通用类航空器 843 架。

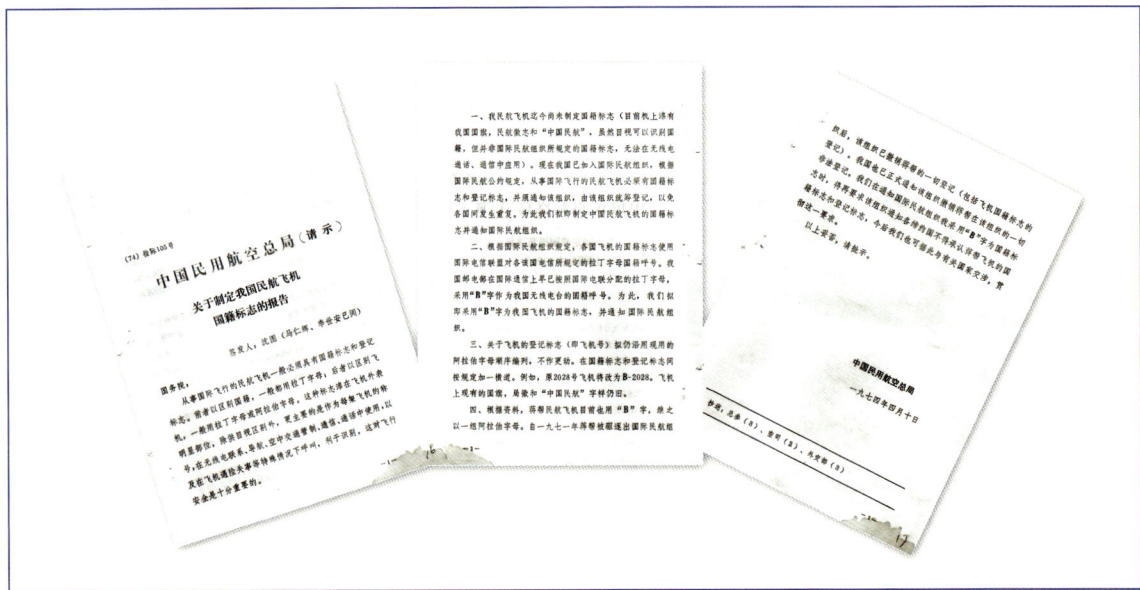

▲ 1974年4月，民航总局向国务院上报《关于制定我国民航飞机国籍标志的报告》。（原件）

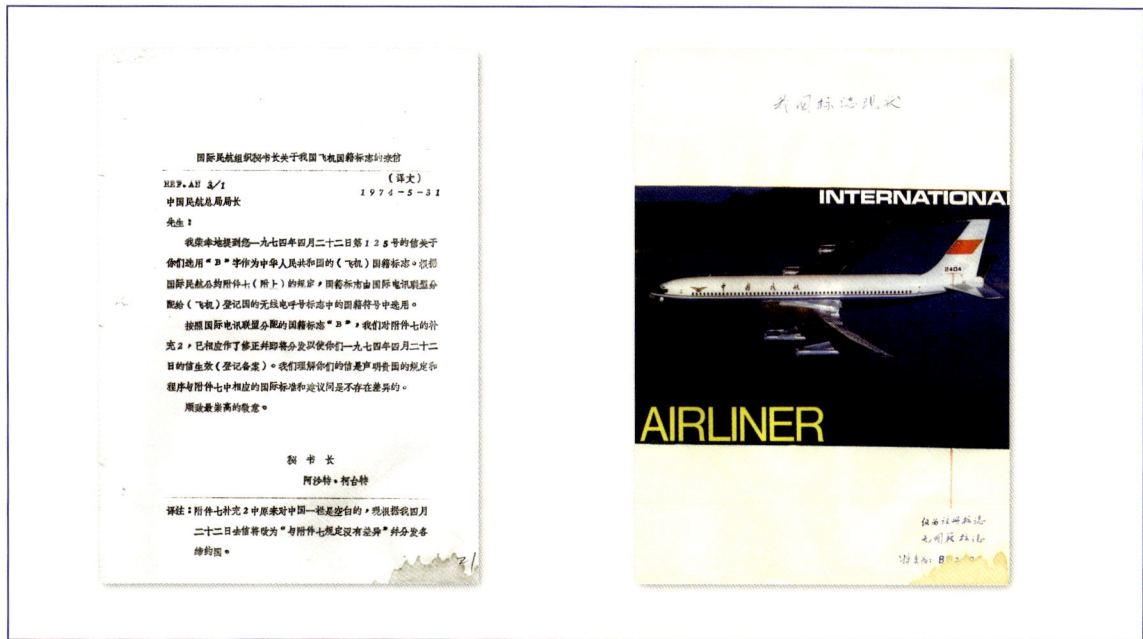

▲ 1974年6月，国际民航组织秘书长回函：确定选用"B"字作为中华人民共和国的飞机国籍标志。（原件）

民航局档案馆藏品

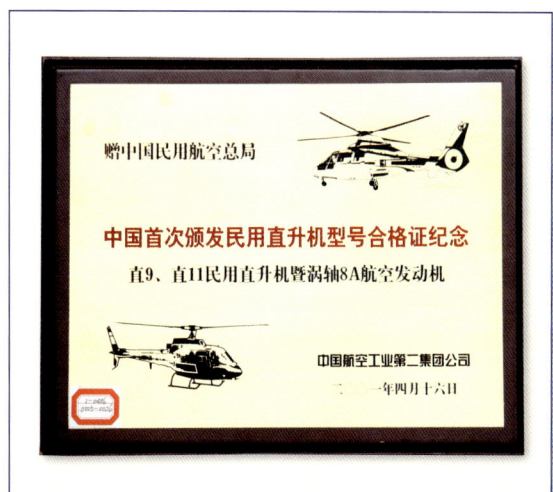

▲ 中国民航适航法规文件。（光盘）

▲ 2001年，中国首次颁发民用直升机型号合格证纪念。（实物）

▶ 1995年3月24日，中美扩展双边适航协议庆祝招待会在京举行。

▶ 1996年4月11日，国务院总理李鹏在巴黎出席中国订购30架空中客车320飞机合同签字仪式。

▶ 1997年3月25日，国务院总理李鹏在京出席中国民航订购5架波音777飞机合同签字仪式。

▶ 1997年5月15日，国家主席江泽民、法国总统希拉克在京出席中国民航订购30架空中客车320/321飞机合同签字仪式。

▲ 2009年12月11日，工业和信息化部、民航局民用航空器适航联合推进委员会第一次会议在京召开。

◀ 国航机队。

◀ 东航机队。

◀ 南航机队。

科技教育人才工作取得新进展

60年来，伴随着民航业的不断发展，民航科技教育人才工作取得长足发展。1978年，直属院校在校生总规模仅为1075人，年招生人数510人；截至2008年底，直属院校在校生总规模达到3.9万人，年招生总人数达到1.4万人，毕业生人数达到1万人。中国民航大学、中国民航飞行学院、中国民航管理干部学院、广州民航职业技术学院、民航上海中等专业学校五所直属院校形成了普通高等教育、职业技术教育和成人教育三种教育类型并存，硕士研究生、本科、大专（高职）和中专四种教育层次共同发展的比较完整的教育体系。民航大力实施科教兴业和人才强业战略，加强科技创新和民航信息安全管理，重点提高技术创新能力和管理创新能力，加大飞行、机务、空管等民航专业技术人才培养力度，为民航发展提供坚实的智力支持、人才保障和科技支撑。

▲ 20世纪50年代，民航科研所研制的"安全58-1"仪表着陆设备被国家科委评为"发明一等奖"，这种设备一直使用到70年代。

► 1991年，民航总局局长蒋祝平为民航系统局长、经理岗位职务培训班学员颁发证书。

► 1995年5月，国务院总理李鹏参观民航技术进步成就展。

► 2009年9月8日，民航科教大会在北京召开。图为民航局领导为获奖人员颁奖。

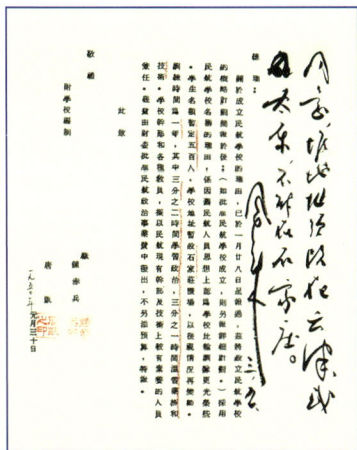

▲ 1950年3月5日，周恩来总理同意"建立民航学校"的批示。（原件）

▲ 1952年，军委民航局俄语专科学校师生毕业合影。

民航直属院校分布情况

中国民航管理干部学院
年培训规模：10000标准人次
在校生规模：2600人

中国民航大学
在校生规模：14500人
年招生规模：5400人

中国民航飞行学院
在校生规模：10100人
年招生规模：3500人

民航上海中等专业学校
在校生规模：4000人
年招生规模：1500人

广州民航职业技术学院
在校生规模：8000人
年招生规模：3800人

注1：数据截至2008年底
注2：在校生总规模为3.9万人

▲ 中国民航大学。

▲ 中国民航飞行学院。

◀ 中国民航管理干部学院。

对外开放迈出重大步伐

民航运输作为一个外向型行业，1980年诞生了我国第一家外商投资企业——北京航空食品有限公司。1994年和2002年民航总局两次颁布了外商投资民航业的相关规定，允许外资投资除空中交通管理以外的民航业所有领域。通过外国政府贷款、中外合资、外商独资、融资租赁、海外上市等方式，民航累计利用外资达300多亿美元。民航企业以积极主动的姿态参与世界航空运输的竞争，2007年，国航和上航正式加入星空联盟，南航加入天合联盟。中国民航在世界航空运输业的重要性不断提升，2004年以来，我国已经连续两届在国际民用航空组织当选为一类理事国。

▲ 1980年5月3日，由民航北京管理局与香港中国航空食品有限公司合资经营的北京航空食品公司成立。

► 1980年5月3日，我国第一家中外合资企业——北京航空食品公司成立纪念册。（实物）

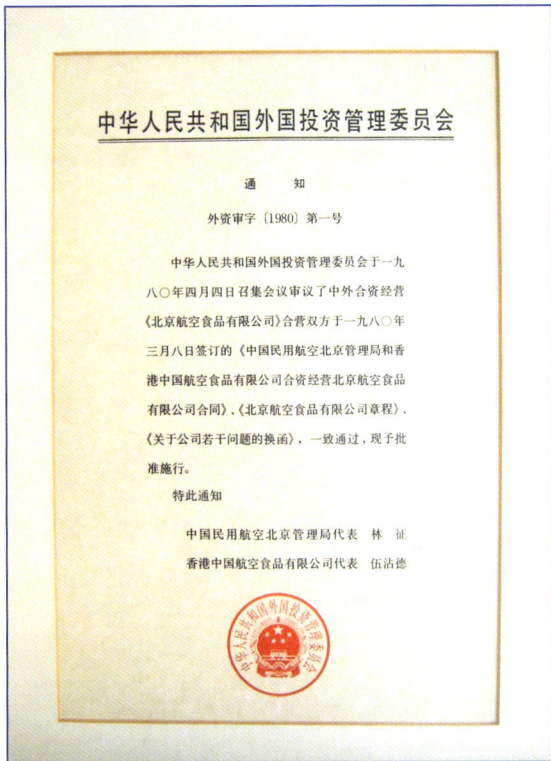

▲ 中华人民共和国外国投资管理委员会外资
审字[1980]第一号。（复制件）

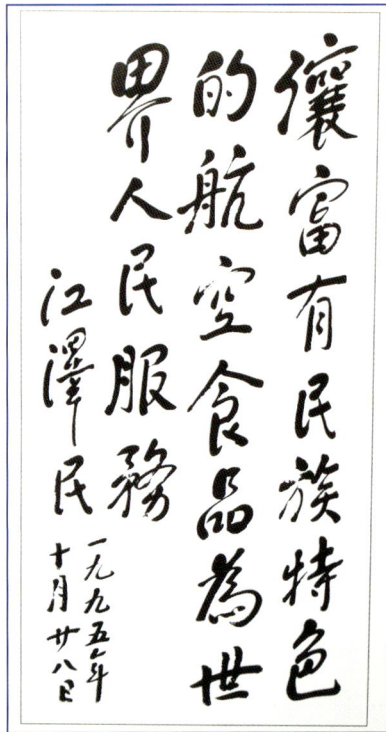

▲ 1995年10月28日，中共中
央总书记、国家主席江泽民为北京
航空食品公司题词。（复制件）

▲ 1986年3月，民航总局局长胡逸洲与美国联邦航空局负责人签署《中美航空技术合作协议》。

▲ 1974年9月24日至10月15日，民航局副局长沈图率领中国代表团出席国际民航组织第21届大会。中国当选为理事国。

▲ 1980年1月13日，国务院副总理王震会见国际民航组织理事会主席阿沙德·柯台特先生。

▲ 1982年2月，中国民航考察团在美国洛杉矶麦道飞机公司合影。

▲ 1997年5月17日，法国总统希拉克、中国国务院副总理吴邦国出席中国航空器材进出口总公司与空中客车公司在北京合作建立的华欧航空培训及支援中心的开业剪彩仪式。

▶ 2007年9月18日，在国际民航组织第36届大会上，中国以160票的最高票数连任一类理事国。

▲ 2007年11月15日，中国南方航空股份有限公司加入天合联盟。

▲ 2007年12月12日，中国国际航空股份有限公司、上海航空股份有限公司加入星空联盟。

民航局档案馆藏品

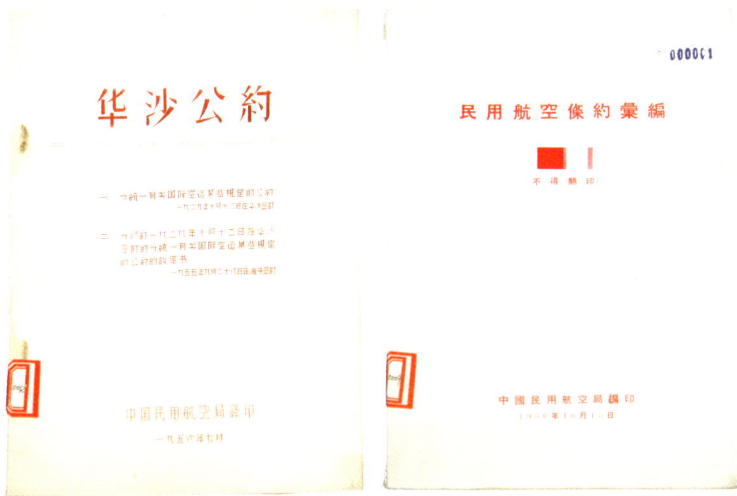

▲ 1956年7月，《华沙公约》。（原件）

▲ 1956年10月，《民用航空条约汇编》。（原件）

▲ 1976年至1982年编印的《航空协定、议定书汇编（1953－1980）》（1～6册）。（原件）

▲ 国际奥比斯眼科飞机医院赠送民航局的纪念品。（实物）

▲ 2005年6月，波音公司赠送民航局的纪念品。（实物）

为促进两岸交流做出贡献

对我国来说，民航承载了一个特殊使命，这就是作为桥梁和渠道，为两岸交流做出了积极的贡献。从两岸春节包机、周末包机，到开放旅游、两岸三通，都发挥了重要的作用。今后，民航必将在两岸沟通中继续起到更加积极的作用。

▲ 2003年1月26日上午，台湾中华航空公司一架客机自台北起飞，经停香港后，飞抵上海浦东国际机场。

▲ 2003年1月26日中午，台湾复兴航空公司一架客机自台北起飞，经停澳门后，抵达上海浦东国际机场。

◀ 2005年1月15日，海峡两岸航空运输交流委员会副理事长浦照洲（右）与台北市航空运输商业同业公会理事长乐大信在澳门会晤，就2005年春节包机达成共识。

▲ 2005年1月29日，南航、厦航联合举办台商春节包机首航仪式。

▲ 2008年7月4日，两岸周末包机（北京）启动仪式隆重举行。

▶ 2008年12月15日，深圳航空股份有限公司ZH9095航班从深圳机场起飞，成为首个两岸直接"三通"飞往台湾的大陆航班。

▶ 2008年12月15日，台湾海峡北线空中双向直达航路正式开通启用，民航上海区域管制中心与台北区域管制中心首次建立两岸空管部门的直接交接程序。

▶ 2009年4月14日，第三届海峡两岸普通航空研讨会在台北召开。

民航局档案馆藏品

▲ 2001年1月，民航总局"早日直航"牌匾。（实物）

▲ 2003年1月，中华航空公司首航包机模型。（实物）

▲ 2003年1月，远东航空公司上海包机首航纪念。（实物）

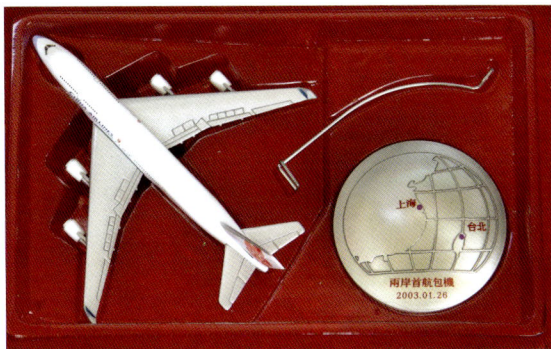

▲ 2005年，连战大陆行首日封（含连战等人签名）。（实物）

▲ 2006年1月，民航协会春节台商包机首航上海纪念（含首航纪念封）。（实物）

▲ 2006年，两岸首航包机首日封（含签名）。（实物）

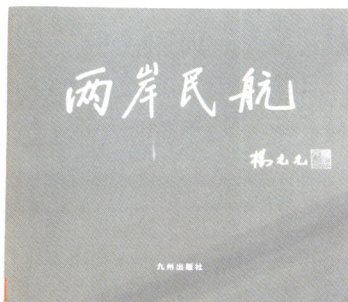

▶《两岸民航》画册。

党建和思想政治工作得到加强

60年来，民航大力加强党的建设，高度重视思想政治工作，特别是十一届三中全会以来，广泛、深入、持久地学习邓小平理论和"三个代表"重要思想，认真开展学习实践科学发展观活动，切实加强作风建设，加大反腐倡廉的力度，增强思想政治工作的针对性和实效性，最大限度地调动各方面的积极性，为民航事业的建设和发展提供强大的精神动力。

▲ 1954年7月5日，民航局直首届庆功大会全体功臣及列席代表合影。

▲ 1954年7月，民航局直首届庆功大会专刊。

▲ 1956年4月，毛泽东主席同中国民用航空局首届先进生产者代表会议全体代表合影。

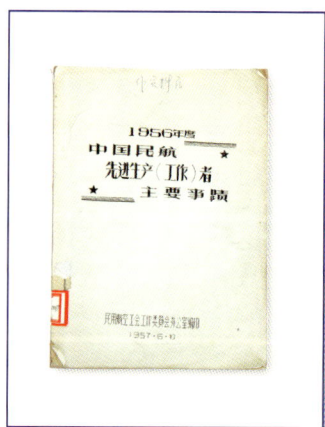

▲ 1956年，中国民航先进生产（工作）者主要事迹。

◀ 1959年10月12日，民航局召开欢迎全国先进集体和先进生产者代表大会。图为民航出席全国群英大会的先进生产者。前排左起：乌鲁木齐管理局气象观测员罗长雅、飞机修理厂车间书部书记宋效举、广州天河机场机务科汪大用；后排左起：昆明机场调度室主任李振林、飞机修理厂副厂长杨斌、北京管理局飞行机长徐柏龄、上海管理局安二驾驶员马贵身。

▶ 1960年2月26日至3月5日，民航局第二届党代会在北京召开，民航局党委书记邝任农作关于1956－1960年党委工作报告。

▲ 刘少奇、周恩来、邓小平等领导同志与民航总局党委第三次全体（扩大）会议全体同志合影。

▲ 1982年8月16日至22日，全国民航第一届团代会在北京召开。

▲ 1983年8月1日，中国民航工会第一次全国代表大会全体代表合影。

▲ 2009年1月6日，全国民航工作会议合影。

▲ 2008年9月，民航局在京召开民航系统深入学习实践科学发展观活动动员部署大会。

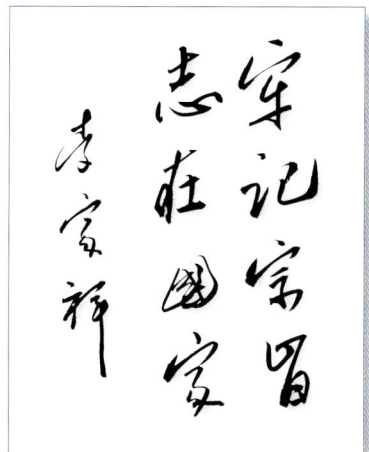

▲ 2008年10月，民航局党组书记、局长李家祥为民航廉政公益活动题词。

◄ 2008年9月，为推动民航系统廉政文化建设，民航局党组纪检组、驻民航局监察局与民航局党委办公室联合举办了"扬正气，促和谐"民航廉政公益广告创作展播评选活动。图为党组纪检组领导观看廉政公益广告。

·民航局档案馆藏品·

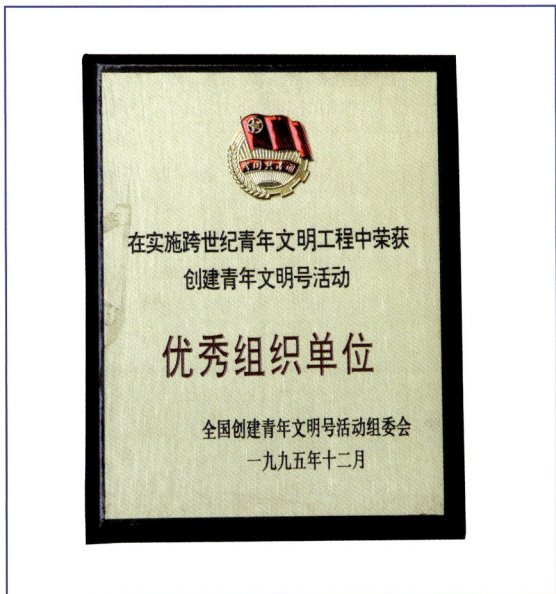

▲ 1995年12月，民航局在实施跨世纪青年文明工程中荣获创建青年文明号活动优秀组织单位奖牌。（实物）

◀ 2009年5月，推出的《中国民航持续安全理念青年读本》。

▲《中国民航改革开放三十年》（分为综合篇、地区篇、机场篇、航空公司和保障篇）。

▲ 纪念新中国民航成立10周年、35周年、45周年、50周年综合性画册。

飛越時空

纪念新中国民航成立60周年

新中国民航事业60年大事记

XINZHONGGUO MINHANG SHIYE LIUSHINIAN DASHIJI

1949年

▲ 9月29日　当日通过的《中国人民政治协商会议共同纲领》第三十六条中提出："有计划有步骤地建造各种交通工具和创办民用航空。"

▲ 11月2日　中共中央政治局会议决定，在人民革命军事委员会下设民用航空局，受空军司令部之领导。决定任命钟赤兵为民用航空局局长。

▲ 11月9日　国民党政府所辖的中国航空公司总经理刘敬宜、中央航空公司总经理陈卓林率领两公司在香港的全体员工宣布起义，脱离国民党政权，接受中央人民政府领导。当日，两航总经理刘敬宜、陈卓林、吕明、查夷平等人乘坐央航潘国定机组驾驶的CV-240型（空中行宫）XT-610号飞机，于12时15分抵达北京；另3架C-46型、6架C-47型和2架DC-3型飞机由陈达礼带队抵达天津。

▲ 11月10日　新华社发表社论《欢迎两航空公司起义》。

▲ 11月12日　毛泽东主席致电刘、陈二位总经理及两航全体员工表示欢迎和慰问，指出"这是一个有重大意义的爱国举动"。同日，周恩来总理致函勉励两航员工"坚持爱国立场，努力进步，为建设新中国的人民航空事业而奋斗"。同时，宣布中央人民政府行使对两航的管辖，任命刘敬宜为中国航空公司总经理，陈卓林为中央航空公司总经理。

▲ 11月9日、15日　周恩来总理在北京饭店两次宴请两航起义北飞人员。"两航"起义后，周恩来总理多次同刘、陈两总经理谈话，指出：将来中国的民用航空事业是要大发展的，它必将远远超过两航的规模。

▲ 11月15日　天津市市长黄敬在天津宴请招待"两航"起义北飞人员。

▲ 12月5日　军委民航局宣布政务院通知，中国、中央航空公司为民航局领导。

1950年

▲ 1月20日　"中央人民政府革命军事委员

会民用航空局"方印、条戳、职章启用，公函信件上可简称军委民航局。

同日　军委民航局决定创刊《中国民航建设》。

▲ 3月5日　周恩来总理在军委民航局《关于成立民航学校的请示》上批示："同意，惟地址须改在天津或太原，不能在石家庄。"

▲ 3月27日　中国政府和苏联政府在莫斯科签订《关于创办中苏民用航空股份公司的协定》。7月1日成立中苏民用航空股份公司，并自即日起开辟北京至赤塔、伊尔库茨克、阿拉木图3条国际航线，这是新中国民航首次开辟国际航线。

▲ 3月31日　军委民航局局长钟赤兵、副局长唐凯向毛泽东主席报告：民航经营方针为"小飞的原则"和"采取企业制"等事项。4月3日，毛泽东主席批复："所拟方针可用，具体实施与周恩来总理、聂荣臻参谋长商酌办理，并与空司协商配合。"

▲ 4月　刘少奇副主席给《人民空军》杂志创刊题词："强大的中国，必须有强大的人民空军与民航事业。"

▲ 5月6日　奉军委令，委任民航局广州、上海、天津、重庆办事处各处长。

▲ 5月　军委民航局所属天津、上海、广州、汉口、重庆办事处相继成立。

▲ 6月3日　中央军委代总参谋长聂荣臻批示同意"民航整编工作决定分地区进行。北京区、天津区、华东区、太原区、中南区、西南区"。

▲ 6月　军委民航局干部训练队在石家庄成立。

▲ 7月21日　政务院秘书厅奉周恩来总理批示"同意"军委民航局决定从8月1日起以3架飞机正式复航的计划。

▲ 7月23日　周恩来总理批准同意军委民航局局长钟赤兵、副局长唐凯关于拟在天津、汉口、广州、重庆、上海设代办所，吸收"两航"人员参加，由各办事处领导作为过渡时期的办法的请示。

▲ 7月25日　周恩来总理批准将"两航"起义北飞的主机CV-240型（空中行宫）610号飞机改名为"北京"号。毛泽东主席为该机题写"北京"二字。7月29日下午，军委民航局在北京西郊机场为"北京"号举行命名典礼。

▲ 8月1日　天津经汉口至重庆，天津经汉口

至广州航线正式开辟。这是新中国民航国内航线的正式开航。

▲ 8月5日 全国各地邮局开始收寄国内航空邮件。

▲ 8月28日 军委民航局局长钟赤兵、副局长唐凯报告周恩来总理，将所拟民航航徽呈送。9月20日周总理批示"同意采用此种标志"。

▲ 9月2日 空军司令部同意民航增加重庆—西昌、昆明—广州两线班机。

▲ 9月22日 经军委总参谋部批准民航局改装后的C-47型飞机命名为"革新"型。

▲ 9月 军委民航局决定成立重庆、天津、上海民用航空第一、二、三学校和北京民航俄文专修学校。

▲ 10月6日 实行《国内邮件空运临时试行办法》。

▲ 10月10日 民航局颁发编制表，局本部设九处，另飞行大队、飞机修理厂、医院各一。下设西南、华北、中南、华东四个管理处。

▲ 10月23日 毛泽东主席签发军委令：任命钟赤兵为防空政治委员兼民航局局长，唐凯为防空政治部主任兼民航局副局长。

▲ 11月1日 经毛泽东主席签发的命令、中央人民政府人民革命军事委员会颁发《中华人民共和国飞行基本规则》。这是新中国颁布的第一部飞行基本规则。

同日 军委民航局公布了《外国民用航空器飞行管理规则》。

▲ 11月9日 "上海"号飞机修复命名在上海举行（至1951年年底修复命名"上海"号和"上海二号"至"上海十号"飞机）。

1951年

▲ 2月12日 军委民航局上海机械修理分厂成立。

▲ 3月12日—7月20日 在重庆举办C-47型飞机机长训练班。

▲ 4月9日 经周恩来总理批示同意，上海龙华机场归民航经营。

▲ 4月12日 军委民航局《关于民航局领导建制问题给富春同志并总理的请示》，11月24日邓光同志向钟赤兵传达周恩来总理的指示：兹规定军委民航局在行动上由军委空军司令部指挥，在业务上归中财委领导。

▲ 4月24日 中央财政经济委员会颁发《旅客意外伤害强制保险条例》。

▲ 5月1日 军委民航局太原机械修理厂成立，5月7日正式投产。

▲ 5月2日 周恩来总理在军委民航局《关于民航整编意见书》上给予批示。

▲ 5月4日 "中国青年"号飞机修复命名在北京举行。

▲ 5月24日 奉周恩来总理命令，《进出口飞机、机员、旅客、行李检查暂行通则》公布实施。

▲ 5月 广州市卫生局租用民航C-46型飞机一架，在广州市上空执行灭蚊蝇飞行作业。这是新中国民航首次执行通用航空作业任务。

▲ 7月2日 民航中南办事处员工修复报废飞机一架命名为"广州"号。

▲ 7月4日 天津民航华北办事处员工修复一架C-46型飞机命名为"天津"号。

▲ 7月6—13日 军委民航局修订《民航通讯规则》。

▲ 9月28日 军委民航局上海机械厂员工修复一架C-47型飞机命名为"国庆"号。

▲ 9月 在天津张贵庄机场组建小型飞机驾驶员培训班。

▲ 10月27日 奉政务院令，民航各办事处改为中国人民革命军事委员会民用航空分局。

▲ 12月5日 重庆—西昌航线正式开辟。这是新中国民航开辟的第一条地方航线。

▲ 12月7日 毛泽东主席批准军委民航局《关于整编民用航空的决定》，毛泽东主席批示"照办"。

▲ 同年 中国民航从苏联订购的里－2型飞机到货并加入航班飞行。

1952年

▲ 1月1日　军委民航局颁布飞机、发动机维修、维护等十种工作制度。

▲ 2月1日　军委民航局颁布《民航飞行暂行规则（草案）》、《航务规则制度（草案）》、《飞行签派制度（草案）》、《空中管制制度（草案）》和《机场开放关闭暂行条例（草案）》，自3月1日起在全国范围内暂行试用。

▲ 4月1日—6月8日　民航在黑龙江省牡丹江林区和大小兴安岭林区，使用爱罗-45型飞机首次进行航空护林。

▲ 5月7日　中央军委、国务院作出《关于整编民航的决定》，将民航局改归空军建制，并将民用航空的行政管理和业务经营机构分开，改设民用航空局和民用航空公司。

▲ 7月17日　中国人民航空公司在天津成立。

▲ 7月27日　周恩来总理批准军委民航局《关于中国人民航空公司之名称的请示》。

▲ 9月　民航进行整编，改归空军建制，各地区管理分局自9月25日起撤销。

▲ 10月20日　民航局批准中国人民航空公司员工帽徽式样。

▲ 10月28日　朱辉照任民航局局长。

▲ 11月28日　军委民航局各地管理处正式成立。

▲ 12月31日　中苏民用航空股份公司开辟迪化—喀什及迪化—承化两条定期航线。

1953年

▲ 1月2日　"中央人民政府人民革命军事委员会民用航空局"之印正式启用，原"中国人民革命军事委员会民用航空局"之印废止。

▲ 5月　中国人民航空公司派出波-2型飞机赴江苏微山湖地区第一次执行灭蝗任务，飞行400多架次。

▲ 6月9日　民航局发布决定，撤销中国人民

航空公司，在局成立商务、机务、航行处。

▲ 6月　民航里-2型飞机在黑龙江牡丹江林区调查，飞行50多小时。这是新中国民航首次执行森林航空摄影。

▲ 7月10日　民航局局办公会议决定成立一个飞行大队，11月28日正式成立。

▲ 12月12日　民航局颁发《飞行安全暂行规定》，中国民航局第一次把飞行安全提到"首要位置"。

1954年

▲ 1月1日　经国务院批准，中国民航在国际航线上开始使用新的飞机标志。

▲ 1月3日　经周恩来总理、彭德怀副主席批准，自1954年起，取消中国人民航空公司名义，该公司飞机改为民航标志，对外统一使用民航局名称。3月1日，民航局就撤销中国人民航空公司正式颁发通知。

▲ 7月　地质部租用民航爱罗-45型飞机，在河北承德地区首次进行航空磁测。

▲ 10月12日　中国政府和苏联政府发表会谈公报，经中苏两国政府协议，自1955年1月1日起，将中苏合营公司中的苏联股份全部移交中国。其中，包括中苏民用航空股份公司。

▲ 11月10日　国务院通知，"中央人民政府人民革命军事委员会民用航空局"更名为"中国民用航空局"，直属国务院领导。12月21日，启用"中国民用航空局"圆形印章。

▲ 11月24日　国务院发出通知，乘坐民航飞机一律不准携带武器。

▲ 12月30日　中国政府和苏联政府在北京签署《航空运输协定》。

▲ 同年　政务院周恩来总理第一次乘坐中国民航专机从北京飞往太原视察工作。

1955年

▲ 1月1日 中国民航开辟北京—伊尔库茨克、乌鲁木齐—阿拉木图国际航线。苏联民航局成为第一个开辟北京航线的外国航空运输机构。

同日 民航气象工作改为国家气象局系统建制，实行气象和民航两部门双重领导。

▲ 1月15日 国务院政司字第六号通知，民航局全称为"中国民用航空局"。

▲ 2月26日 国务院第六办公室主任王首道向周恩来总理报告，提出民航的技术、飞行、机务、通讯、人事管理、政治工作等主要由空军司令部领导；有关民航的计划、基本建设、企业管理、对外关系等方针政策问题，由国务院六办研究后提请总理核批；一般企业性工作，如财务、物资供应等则由民航局与政府各主管部门直接联系解决。

▲ 3月5日 国务院批准同意对民航局分工领导的意见。

▲ 3月18日 启用有国徽的"中国民用航空局"圆形印章。

▲ 6月6日 国务院发出通知，重申凡乘坐民航飞机，无论军事人员、国家机关和人民团体工作人员或一般旅客，一律不准携带武器。

▲ 6月18日 邝任农任中国民用航空局局长。

▲ 8月10日 邝任农任中国民用航空局党委书记。

▲ 11月8日 中缅两国政府《航空运输协定》在仰光签订。

▲ 12月10日 民航局颁发飞行指挥工作细则，1956年1月1日起施行。

▲ 同年 中国民航从苏联订购的伊尔-14型飞机到货并加入航班飞行。

▲ 同年底 中国民航局在北京招收了16名女中学生，加上2名从部队转业的女战士，共18名，成为新中国民航的第一批正式的乘务员，被称为"十八姐妹"。

1956年

▲ 1月4日 中苏民航正式签订技术合作协定，加强技术合作和交流，聘请苏联专家。

▲ 2月21日 刘少奇委员长在听取民航局领导汇报后，指出：中国是个大国，必须发展民用航空，这一点是肯定的。同时，中国又是个强国，没有强大的空军是不行的，强大的空军必须有强大的民用航空。

▲ 4月2日 毛泽东、刘少奇、周恩来、邓小平、彭真等党和国家领导人在中南海接见出席中国民用航空局首届先进生产者会议的全体代表，并同大家合影留念。

▲ 4月5日 中越两国政府《民用航空运输协定》在北京签订。

▲ 4月11日 中国民航开辟昆明—曼德勒—仰光国际航线。

▲ 5月25—29日 中国民航飞行技术主任检查员、机长潘国定和副驾驶王珊，驾驶CV-240型401号飞机，试航北京—广汉—拉萨航线，29日飞机成功降落在海拔4321米的拉萨当雄机场。

▲ 5月26日 国务院批准民航局在四川新津成立一所民航学校。

▲ 6月26日 国务院批复民航局，同意启用新局徽。9月4日，民航局发文规定：新局徽中间一大红星，下面四小红星，表示团结在大红星的周围组成红五星代表中国；从大五星左右引伸蓝色两翼，代表中国的民用航空。10月31日，国务院同意民航局新局徽更改颜色，"同意你局新局徽两翼改为蓝色，式样不变"。11月20日，民航局下发《更换局徽及飞机标志的通知》，飞机使用局徽为蓝翼红星，地面使用局徽为黄翼红星。自11月25日起使用，飞机改漆新局徽标志。1950年设计的局徽停用。

▲ 9月22日 中国人民解放军第十四航空学校定名成立。12月25日，学校命名。

▲ 10月6—25日 由潘国定、王来泉等组成的CV-240型401号飞机机组，试航北京—广汉—拉萨至印度巴格多格拉机场成功。

▲ 11月17日 民航局派出伊尔-14型632号、626号飞机，执行周恩来总理访问越南、柬埔

寨和缅甸三国的专机任务，次年2月8日返回北京。这是中国民航首次执行国家领导人出国访问的专机任务。

▲ 12月3日　民航局颁发《中国民航飞行事故等级及其调查、预防程序工作细则》，1957年1月1日起施行。

1957年

▲ 1月26日　中国民航高级航校正式开学。

▲ 3月11日　民航局颁发《专业飞行指挥规定》。

▲ 4—5月　中国民航专业航空队承担铁道部沿京包线、丰沙线和北京至大同段进行铁路选线航空摄影。

▲ 5月17日　民航局依据1956年11月国务院关于由民航局统一接办航空摄影工作的决定，布置接收林业部、铁道部、地质部的航摄飞机及设备和部分航摄专业人员，年底完成。

▲ 8月2日　苏联驻华大使馆临时代办阿布拉西莫夫受苏联政府委托，在北京西郊机场把一架伊尔-14型飞机（600号）赠送给周恩来总理。阿布拉西莫夫说，让这个礼物成为苏联人民对中国人民热爱的表现。周恩来总理向苏联政府表示感谢，他说，这架飞机作为政府专机交由中国民用航空局管理，供政府负责人和政府邀请的贵宾使用，以便让更多的人享受到苏联政府的友谊。在飞机交接仪式上，张瑞霭同志向周恩来总理报告飞机检查、试飞的情况。

▲ 9月2日　民航局颁发《外国飞机在中国境内进行专业飞行的规定》。

▲ 9月17日　使用伊尔-14型飞机648号机，从北京起飞经郑州、武汉、长沙至广州航线夜航试航成功。这是我国民航第一次长航线夜航。

▲ 10月5日　周恩来总理在民航局《关于中缅通航一年半情况报告》上批示："保证安全第一，改善服务工作，争取飞行正常。"

▲ 11月25日　北京中央航空港工程被命名为"首都机场"。

▲ 11月26日　国务院第六办公室发布《关于确保飞行安全的指示》。

1958年

▲ 1月10日　邝任农局长率中国航空交通代表团赴蒙古人民共和国访问。

▲ 1月17日　中蒙两国政府《航空交通协定》在乌兰巴托签订。

▲ 2月27日　国务院通知：中国民用航空局自本日起划归交通部领导。3月19日，国务院通知：全国人大常委会第95次会议批准国务院将中国民用航空局改为交通部的部属局。

▲ 3月1日　首都机场临时启用，10月1日航站楼启用。

▲ 4月15日　民航局局长邝任农发布117号命令，要求全体人员贯彻"安全第一"方针，确保飞行安全。这是中国民航发布的第一个保证飞行安全的命令。

▲ 6月17日　中央批准交通部党组《关于体制下放意见的报告》，其中有关民航实行双重领导和下放的原则是：国际航线、国内干线、工业航空，集中性大，实行以中央为主的双重领导；地方航线、农业航空下放地方，实行以地方为主的双重领导。

▲ 7月18日　中国民航与北欧航空公司签订《联运代理合同》。这是中国民航与不通航中国的外国航空公司签订的第一个联运代理合同。

▲ 7月20日　中国正式加入1929年10月12日签订的《统一国际航空运输某些规则的公约》（简称《华沙条约》）。该公约自1958年10月18日起对中国生效。

▲ 8月23日　民航局党委《关于确保飞行安全的决议》中提出：必须坚决贯彻周恩来总理"保证安全第一，改善服务工作，争取飞行正常"的指示，并以此作为民航工作的方针。

▲ 11月15日　民航局重新颁发《全国飞行指挥调度区域划分的规定》，自12月1日起实施。

▲ 11月26日　国务院第六办公室发布《关于确保飞行安全的指示》。

▲ 12月3日 中国民航派出里-2型飞机一架帮助越南进行航空摄影。这是中国民航第一次派飞机赴国外执行通用航空作业。

▲ 12月13日 根据中共中央批示，交通部批复同意民航局所属北京、上海、广州、成都、乌鲁木齐5个管理处改为管理局，授予区域管理局的职权，并颁发新印章，自1959年1月1日启用。

▲ 12月15日 中国民航局高级航空学校在天津成立。

1959年

▲ 2月18日 中朝两国政府《航空运输协定》、中朝两国民航间《航空运输互相服务的议定书》、《民用航空技术合作议定书》在北京签订。

▲ 3月26日 中锡两国政府《航空运输协定》及相关的议定书在北京签订。

▲ 4月1日 中国民航开辟北京—平壤航线。

▲ 5月29日 奉国防部命令，在民航任职的团以上军官退出现役转为预备役。

▲ 6月16日 民航局颁发《关于民航制服式样的制作办法的规定》。

▲ 7月14日 民航局科研所林立仁等研制的"安全58-1型仪表着陆设备"通过国家计委等单位专家的鉴定，后获国家发明一等奖。

▲ 8月20日 民航局颁发《民航机场等级和净空要求的规定》。

▲ 8月21日 交通部颁发经国务院批准的交通部组织机构和编制定员，民用航空局为部属局。

▲ 9月4日 交通部部长王首道向周恩来总理汇报国庆10周年民航专机准备工作。周恩来总理指示："一定要保证飞行安全，不仅要保证数量，而且要保证质量，如服务员的质量好，服务态度要好，要进行训练。卫生工作要搞好，不仅是机场，连首都机场的公路也要搞干净。"

▲ 9月18日 中国民航从苏联订购的第一架伊尔-18型飞机到货，翌年4月1日起加入航班飞行。

▲ 9月20日 中共中央转发交通部党组7月24日《关于民航管理体制的报告》，决定地方航线和农业航空改为实行中央为主的双重领导，各省自治区民航管理机构全部属中央。

▲ 10月22日 周恩来总理批准同意民航局于11月9日在北京政协礼堂隆重举行"两航"起义10周年纪念大会，并发给"两航"起义人员纪念章。

▲ 10月25日 刘少奇、朱德、周恩来等中央领导接见民航徐柏龄、杨斌、射言、宋效举、马贵身、汪大用、李振林、罗长雅8名出席全国工业、交通、财贸、基建系统群英大会的代表。

▲ 11月11日 中匈两国《航空运输总代理合同》和《民航技术合作议定书》在布达佩斯签订。

1960年

▲ 2月8日 空军第十四航空学校由民航局接管领导。5月10日，学校空地勤分开办学，空勤部分为十四航校，校部迁往广汉，地勤部分仍在新津机械学校。

▲ 3月4日 河北省蔚县东城公社发生125名社员食物中毒事件，民航派出飞机空投急救药5000支，药品及时送到，中毒社员全部得救。

▲ 5—6月 民航北京管理局两次派张瑞霭、孙全贵等任机长的伊尔-18型飞机试航拉萨，6月17日，班禅额尔德尼·却吉坚赞主持庆祝试航成功大会。

▲ 6月30日 北京首都机场正式使用。

▲ 7月16日 在民航工作的苏联专家撤走。

▲ 8月10日—9月8日 郭沫若副委员长率领全国人大代表团乘坐中国民航伊尔-18型204号专机赴印度尼西亚访问。这是中国民航飞机首次飞越海洋执行出国专机任务。

▲ 8月19日 陈毅副总理乘坐中国民航伊尔-18型206号专机赴阿富汗访问。这是中国民航首次派大型飞机出国执行专机任务。

▲ 11月17日 经国务院编制委员会讨论原则通过，决定中国民用航空局改称"交通部民用航空局"（对国外行文仍用原名），为部属一级管理全国民用航空事业的综合性总局，负责经营管理运输航

空和专业航空，直接领导地区民用航空管理局的工作。

▲ 同年　根据中央气象局和民航局的决定，民航气象台、哨归回民航建制，实行以民航局为主的双重领导。

1961年

▲ 1月1日　民航局颁发实行分级核算制办法，实行按地区管理局完成的吨公里进行业务收入分配制度。

▲ 5月29—31日　民航伊尔-18型204号飞机试航北京经昆明、仰光至锡兰（斯里兰卡）科伦坡成功，为6月5日运送佛牙舍利去锡兰供民众和佛教徒朝拜做准备。

1962年

▲ 4月13日　第二届全国人民代表大会常务委员会第五十三次会议决定民航局名称改为"中国民用航空总局"。

▲ 4月15日　中共中央、国务院下发《关于改变民航管理体制的通知》，决定将中国民用航空总局由交通部部属局改为国务院直属局。

▲ 5月7日　民航局根据全国人大常委会1962年4月13日决议，将中国民用航空局改为"中国民用航空总局"。中国民用航空局新名称英文缩写为CAAC。

▲ 6月6日　为规范民航系统各级单位称谓，民航总局颁布《关于民航各级机构名称、印章和牌子的规定》。

▲ 6月10日　邝任农任中国民用航空总局局长，刘锦平任中国民用航空总局政治委员。

1963年

▲ 5月20日　国务院批准中国民航开辟至东南亚、西亚、北非航线，同时增加开放上海虹桥机场以供国际通航。

▲ 6月12日　民航总局党委颁布《关于确保专机飞行安全的决定》，对专机责任制、组织和技术准备、飞行指挥和专机警卫等作出规定。

▲ 8月29日　中国和巴基斯坦两国间《航空运输协定》在卡拉奇签订。

▲ 10月　中国民航从英国订购的"子爵"号运输飞机到货并加入航班飞行。

▲ 11月25日　中国和柬埔寨两国政府《航空运输协定》在金边签订。

1964年

▲ 1月27日　中共中央、国务院《关于民航工作管理问题的几项具体规定的通知》规定：民航总局为国务院的直属局。

▲ 5月7日　民航总局下发经国防部修改的《中华人民共和国飞行基本规则》。

▲ 11月6日　中国和印度尼西亚两国政府《航空交通协定》在北京签订。

1965年

▲ 3月1日　民航使用苏制伊尔-18型飞机正式开辟北京—成都（格尔木）—拉萨航线。3月10日，北京—成都—拉萨航线开航。

▲ 3月23日　周恩来总理在乘坐外国航空公司专机赴罗马尼亚访问途中，对民航总局二局负责人说："中国民航不飞出去，就打不开局面。一定要飞出去，才能打开局面。"

▲ 5月2日　中国和埃及两国政府《航空交通协定》在北京签订。

▲ 5月25日—6月10日　民航北京管理局伊尔-18型208号飞机张瑞霭等机组完成试航西亚、非洲航线任务，并完成周恩来总理出访巴基斯坦、坦桑尼亚的专机任务，飞经16个国家和地区，是我国民航第一次飞行距离最远、持续飞行时间最长的专机任务。

▲ 7月17—28日　邓小平总书记率领代表团乘坐中国民航伊尔-18型212号专机赴罗马尼亚访问。这是中国民航飞机首次飞往欧洲执行专机任务。

▲ 10月16日　国务院同意民航实行义务工役制。

1966年

▲ 2月16日　刘少奇、周恩来等中央领导人接见工业交通部、煤炭部、机械部、财政部、全国总工会、民用航空总局、旅游局、全国政协文史委员会等单位在北京召开的专业会议的人员。

▲ 3月23—24日　民航抽调19架飞机，执行河北邢台地震灾区的紧急空投和救灾任务。

▲ 6月1日　中国和法国两国间《航空运输协定》在巴黎签订。9月19日，法国航空公司开辟巴黎经雅典—开罗—卡拉奇—金边至上海的国际航线，邓小平副总理接见了代表团成员。1973年9月法航改飞北京。

▲ 11月23日　民航拉萨航站由当雄机场转移到新修的贡嘎机场。

1967年

▲ 1月26日　国务院、中央军委下达《关于民用航空系统由军队接管的命令》。具体工作由空军组织实施。

▲ 12月22日　中共中央、国务院、中央军委、中央文革小组下达《关于民航系统文化大革命的通知》。

1968年

▲ 2月10日　民航总局下达《确保空中安全、把好客货关的通知》，要求严把订座售票、办理乘机手续和登机"三关"。

1969年

▲ 2月27日　中央军委办事组批复民航普遍实行义务工役制。

▲ 10月　北京经成都至拉萨航线分为北京至成都、成都至拉萨两条航线执行。

▲ 11月7日　中国和伊拉克两国政府《航空交通运输协定》在北京签订。

▲ 11月20日　国务院、中央军委批准并转发中共民航总局委员会《关于进一步改革民航体制和制度的报告》，决定把民航划归中国人民解放军建制，成为空军的组成部分，各项制度按军队的执行。

▲ 12月6日　中国民航向英国订购三叉戟-2E型飞机。

1970年

▲ 5月25日　周恩来总理在首都机场对民航工作作重要指示：民航对专机一定要保证飞行安全，对外宣传不强加于人。

▲ 6月29日　周恩来总理在与民航北京管理局领导谈话时指出："民航服务工作很重要，对服务人员一定要加强教育，宣传服务工作一定要搞好。"

1971年

▲ 11月19日　国际民用航空组织第七十四届理事会第十六次会议通过决议，承认中华人民共

和国的代表为中国唯一合法代表。

▲ 12月25日　王海廷任中国民用航空总局政治委员。

▲ 1971年　中国民航从苏联订购5架伊尔-62型飞机。

1972年

▲ 2月17日　上海虹桥军民合用机场改为民用国际机场。

▲ 2月25—29日　中国民航派出5架伊尔-18型飞机执行周恩来总理陪同美国尼克松总统访问杭州、上海等地的专机任务。

▲ 3—11月　中国政府分别和阿尔巴尼亚政府（3月28日在地拉那）、罗马尼亚政府（4月6日在布加勒斯特）、南斯拉夫政府（4月14日在贝尔格莱德）、阿富汗政府（7月30日在北京）、土耳其政府（9月14日在安卡拉）、伊朗政府（11月18日在北京）签订《民用航空运输协定》。

▲ 9月9日　中国政府向美国波音飞机公司签订购买10架波音707飞机合同。

▲ 11月17日　中国民航从英国订购的三叉戟飞机的第一架到达广州。

1973年

▲ 1—11月　中国政府分别和意大利政府（1月8日在北京）、挪威政府（5月12日在北京）、丹麦政府（5月18日在北京）、希腊政府（5月23日在北京）、瑞典政府（6月1日在北京）、加拿大政府（6月11日在渥太华）、瑞士政府（11月12日在伯尔尼）签订《民用航空运输协定》。

▲ 6月26日　马仁辉任中国民用航空总局局长；李世安任中国民用航空总局政治委员。

▲ 7月　民航成都管理局规定：凡参加航班飞行的各型飞机，一律实行对号入座。随着三叉戟、波音型飞机相继充实中国民航，中国民航决定乘坐

所有飞机都必须对号入座，各管理局相继实行此法，机舱秩序大为改观。

▲ 8月23日　中国民航从美国订购的波音707型飞机第一架到货，9月正式加入航班飞行。

▲ 12月7日　为庆祝法航通航北京，由法国政府梅斯梅尔总理夫人率领的法中友好代表团来华访问。8日，邓小平副总理会见梅斯梅尔总理夫人和主要成员。

▲ 同年　中国民航从苏联订购安-24型飞机。

1974年

▲ 1月1日　民航总局颁布《民航运输企业核算草案》，恢复"文革"中被取消的经济核算制。

▲ 1月15日　民航总局规定，在航空运输国内客票销售中实行两种票价制度。

▲ 2月15日　中国外交部部长姬鹏飞通知国际民用航空组织秘书长阿沙德·柯台特，中国政府决定承认1944年《国际民用航空公约》（简称《芝加哥公约》）和有关修正议定书，并决定自即日起参加国际民用航空组织的活动。

▲ 4月10日　民航总局决定采用"B"作为我国飞机的国籍标志，民用飞机登记标志仍用现用的阿拉伯字母顺序编列，不作更动。在国籍标志和登记标志间按规定加一横道。如原2028号飞机将改为B-2028。飞机上现有的国旗、局徽和"中国民航"字样仍旧保留。

▲ 4月20日　中国和日本两国政府《航空运输协定》在北京签订。

▲ 5月31日　中国和扎伊尔两国政府《民用航空运输协定》在北京签订。

▲ 9月24日—10月15日　中国民航总局副局长沈图率中国民航代表团出席在蒙特利尔举行的国际民用航空组织第21届大会。会上，中国当选为理事国。

▲ 11月29日　民航北京管理局使用波音707型2418号飞机首航北京至卡拉奇至巴黎航线。中法航线是中国民航开辟通往西欧的第一条远程国际航线。

▲ 12 月 21 日　余立金为中国民用航空总局第一政治委员、党委第一书记。

▲ 同年　中国民航从东西两个方向环绕地球一周，同时试航纽约成功，随后开辟 4 条国际航线，初步实现了周恩来总理提出的"飞出去"的目标。

1975年

▲ 3 月 15 日　中国民航总局下发《关于改变国内旅客定票制度的通知》。

▲ 4 月 20 日　中国和比利时两国政府《民用航空运输协定》在北京签订。

▲ 6 月 9 日　刘存信任中国民用航空总局局长。

▲ 8 月 20 日　中国正式加入 1955 年 9 月 28 日在海牙签订的《修改 1929 年 10 月 20 日华沙签订的统一国际航空运输某些规则的公约议定书》（简称《海牙议定书》）。该议定书自 1975 年 11 月 18 日起对中国生效。

▲ 9 月 30 日　国务院对其直属机构进行调整，其中规定，保留中国民用航空总局，由空军代管。

▲ 10 月 2 日　中国和芬兰两国政府《民用航空运输协定》在北京签订。

▲ 10 月 31 日　中国和联邦德国两国政府《航空运输协定》在北京签订。

▲ 11 月 10 日　中国和叙利亚两国政府《民用航空运输协定》在北京签订。

1976年

▲ 4 月 5 日　国际民用航空组织第八十七届理事会第十二次会议通过决议，敦促其他非政府性民用航空国际组织驱逐国民党代表。

▲ 7 月 28 日　河北唐山、丰南地区发生强烈地震，并波及京津地区。中国民航在 1 个月内，共出动飞机 45 架，飞行 637 架次，运送救灾物资 835 吨，运输伤员和医护人员 4222 人。还安排加班飞行 146 架次，疏运旅客 10369 人。

▲ 年内　民航派出改装飞机赴青海、西藏进行航空摄影和磁性测量。

1977年

▲ 9 月　国际民用航空组织第二十二届大会通过汉语作为国际民用航空组织的工作语言。

▲ 8 月 11 日　民航局党委作出《关于认真贯彻周恩来总理"保证安全第一，改善服务工作，争取飞行正常"重要指示的决定》，明确提出民航工作的要求标准，是民航建设的具体工作路线和方针。

▲ 12 月 20 日　沈图任中国民用航空总局局长；王静敏任中国民用航空总局政治委员。

1978年

▲ 3 月 31 日　北京—卡拉奇—亚的斯亚贝巴国际航线正式开航。这是中国民航开辟通往非洲的第一条航线。

▲ 5 月 4 日　中国民航开辟北京—德黑兰—贝尔格莱德—苏黎士国际航线。

▲ 6 月 19 日　中国和西班牙两国政府《民用航空运输协定》在北京签订。

▲ 7 月 28 日　民航上海售票处与国际旅行社上海分社旅游服务科签订《代售国内客票协议》，决定自 8 月 1 日起在和平饭店内由"国旅"开设窗口代售国内客票。这是全国首家非民航单位出售机票的售票点。

▲ 8 月 25 日　经国务院批准，同意民航开辟香港至广州航线和由香港至内地一些城市的定期或不定期航线。

▲ 8 月 31 日　中国和尼泊尔两国政府《民用航空运输协定》在北京签订。

▲ 10 月 9 日　邓小平副总理与民航总局、旅游局负责同志谈话，指示：民航要用经济观点管理经济，要按企业来办；在中美两国关系没有正常化前可以采取民间方式建立航空联系。

▲ 11月14日　中国有保留地加入1963年9月14日在东京签订的《关于航空器内的犯罪和其他某些行为的公约》(简称《东京公约》)。该公约自1979年12月2日起对中国生效。

▲ 12月8日　民航总局下发《关于改革民航运输企业核算体制的通知》。

1979年

▲ 1月20日　中国和荷兰两国政府《民用航空运输协定》在北京签订。

▲ 3月5日　民航总局党委五届九次全体(扩大)会议在北京召开,对在"十年动乱"中的冤假错案,作出彻底平反的决定。

▲ 5月3日　中国民航开辟北京—德黑兰—布加勒斯特—法兰克福国际航线。

▲ 7月8日　中国和菲律宾两国政府《民用航空运输协定》在北京签订。

▲ 7月12日　中国民航总局和新加坡航空公司签订《关于在两国间建立航班的协议》。

▲ 7月20日　试办《中国民航(简讯)》。

▲ 7月26日　中国和英国两国政府《关于两国间干线和地区性航线的两个谅解备忘录》在北京签订。

▲ 9月18日　民航总局发出《关于收取机场费的通知》。

▲ 9月28日　中国和卢森堡两国政府《定期货运航班协议》在北京签订。

▲ 10月12日　邓小平、李先念同志视察首都机场。

▲ 11月1日　中国和英国两国政府《民用航空运输协定》在伦敦签订。

1980年

▲ 1月1日　北京首都机场新航站楼和一条可供起降大型宽体客机的跑道正式启用。

▲ 1月20日　中国和科威特两国政府《民用航空运输协定》在科威特签订。

▲ 1月22日　中国民航总局和阿拉伯联合酋长国民航局换文,中国政府获得开航沙迦的权益,以后又获得延伸权。

▲ 2月14日　邓小平副总理与民航总局局长沈图谈话,指示:"民航局由国务院直接领导,这是一个重大改革。民航一定要企业化,这个方针已经定了。"

▲ 2月27日　中国民航从美国订购的波音747SP型飞机第一架到货,4月1日起正式加入航班飞行。

▲ 3月15日　民航总局不再由空军代管。

▲ 3月18日　民航从1980年起不再补充义务工,现有义务工改为固定工或退役。

▲ 4月29日　沈图任中国民用航空总局局长、党委书记。

▲ 5月3日　由民航北京管理局与香港中国航空食品有限公司合资经营的北京航空食品公司正式开业。这是我国政府自1978年实行对外开放政策后批准的第一个中外合资企业。

▲ 5月17日　国务院、中央军委《关于民航管理体制若干问题的决定》:民航总局是国家管理民航事业的行政机构,统一管理全国民航的机构、人员和业务,逐步实现企业化管理。8月4日,《人民日报》发表社论《民航要走企业化的道路》。

▲ 6月26日　中国和泰国两国政府《民用航空运输协定》在北京签订。

▲ 7月4日　中国民航参加国际航空电信公司,向各航空公司提供通信服务。

▲ 7月24日　中国和孟加拉国两国政府《民用航空运输协定》在北京签订。

▲ 7月28日　中国民航开辟北京—沙迦—巴格达国际航线。

▲ 8月29日　中国民航开辟广州—曼谷国际航线。

▲ 9月10日　中国正式加入1970年12月16日在海牙签订的《关于制止劫持航空器的公约》(简称《海牙公约》)和1971年9月23日在蒙特利尔签订的《关于制止危害民用航空安全的非法行为的公约》(简称《蒙特利尔公约》)。两公约自1980年10

月 10 日起对中国生效。

▲ 9 月 17 日　中国和美国两国政府《航空运输协定》在华盛顿签订。

▲ 9 月 20 日　民航总局下发《中国民用航空飞行事故调查条例》。

▲ 9 月 23 日　中国民航租机谈判小组与美国汉诺威公司就采用投资减税杠杆租赁方式签订中国民航引进的波音 747SP 型飞机租赁协议书，开创中国民航业利用外资融资租赁飞机的历程。

▲ 10 月 11 日　国务院批准空军（民航）第十四航校更名为"中国民用航空飞行学校"，由民航总局直接领导。

▲ 11 月 15 日　中国民航开辟北京—卡拉奇—法兰克福—伦敦国际航线，自 12 月起将卡拉奇改为沙迦。

同日　民航总局就贯彻中共中央书记处、国务院联席会议对民航安全生产的指示，发布《关于保证飞行安全提高服务质量的命令》。

▲ 12 月 8 日　民航总局决定组建中国民航报社。

1981年

▲ 1 月 7 日　中国民航开辟北京—上海—旧金山—纽约国际航线。

▲ 4 月 1 日　根据公安部公告，从即日起，在中国境内各民用机场，对乘坐国际航班飞机的中外旅客及携带的行李物品，由安全检查机构实行安全检查。

▲ 4 月 4 日　中国民航开辟北京—上海—旧金山国际航线。

▲ 7 月 11 日—9 月底　四川省发生特大洪水灾害，成渝、成昆、成宝及陇海铁路陕兰段先后中断，民航派出飞机共疏运旅客 7.5 万余人。

▲ 8 月 10 日　中国民用航空专科学校改为"中国民用航空学院"。

1982年

▲ 1 月 31 日　中国和也门两国政府《民用航空运输协定》在萨那签订。

▲ 6 月 11 日　国务院常务会议决定，为了使机构名称规范化，同意去掉民航总局中的"总"字，称"中国民用航空局"。8 月 23 日全国五届人大常委会第 24 次全会审议通过。

▲ 6 月 27 日　中国民航利用科威特阿拉伯基金委员会贷款修建厦门高崎机场协议书在厦门签字，中国民航开始利用外资修建机场。

▲ 8 月 12 日　国务院决定授予杨继海机组"中国民航英雄机组"的称号。

▲ 8 月 23—28 日　民航局在北京召开全国民航安全飞行先进单位授奖大会。

▲ 7 月 26 日　民航北京管理局第二飞行总队改为"中国民航工业航空服务公司"。

▲ 12 月 1 日　国务院发布《关于保障民用航空安全的通告》。通告就保障民用航空的安全，防止劫机、破坏民航飞机和破坏民用航空事件的发生，作了七条具体规定。

▲ 12 月 3 日　中国海洋直升机服务公司在深圳成立。

1983年

▲ 2 月 25 日　国家经委批准组建中国海洋直升机专业公司。

▲ 5 月 3 日　中国和阿曼两国政府《航空协定》在马斯喀特签订。

▲ 5 月 8 日　国务院发布《关于加强防止劫机的安全保卫工作的命令》。此后，中国民航各机场建立旅客隔离区和安全检查站。

▲ 7 月 10 日　人民武装警察部队北京总队首都机场国内安全检查站开始对中外旅客普遍进行安全检查。

▲ 10 月 22 日　厦门高崎机场建成通航。

▲ 同年　中国民航订购波音 747-200 型客机 2

架、波音 737 型客机 5 架和 MD-80 型客机 2 架。

1984年

▲ 1 月 24 日　国产运 -7 型客机由西安飞机制造公司交付中国民航使用。

▲ 7 月 25 日　中国厦门航空有限公司成立。

▲ 8 月 29 日　中国民航干部学校改为"中国民航管理干部学院"。

▲ 9 月 1 日　中国民航局、国家物价局、国家旅游局、国务院侨务办公室联合发出《关于国内航线实行一种运价的通知》。

▲ 9 月 7 日　中国民航开辟北京—广州—悉尼国际航线。这是中国民航开辟通往大洋洲的第一条国际航线。

同日　中国和澳大利亚两国政府《通航协定》在北京签订。

▲ 9 月 22 日　上海虹桥国际机场第一次扩建国际候机楼使用。

▲ 10 月 9 日　中央财经领导小组召开会议，专题研究民航改革和发展问题，决定：民航管理体制按政企分开原则进行改革；同意中国民航向中国银行贷款购买或向国外租赁所需飞机，并拨给民航相应外汇额度；"七五"和"八五"期间民航得到的外汇收入和利润由国家和民航按"一九"分成；调动地方修建机场的积极性并逐步下放机场管理权；在调查研究后提出改革空管体制方案，经批准后改革我国空管体制。

1985年

▲ 1 月 1 日　中国新疆航空公司成立。

▲ 1 月 7 日　国务院批转民航局《关于民航系统管理体制改革的报告》，现行民航管理体制要按"政企分开、简政放权"的原则进行改革。将民航局、地区管理局、省（自治区、市）局、航空站四级管理改为民航局和地区管理局两级管理，组建 6 个国家骨干航空公司，并将机场和航务管理分开。

▲ 2 月 12 日　民航西藏自治区管理局成立。

▲ 3 月 5—14 日　全国民航工作会议讨论了民航管理体制改革实施方案。李鹏副总理到会作了重要讲话。

▲ 3 月 10 日　美国联合航空公司开辟纽约经旧金山、东京至北京航线。

▲ 3 月 18 日　中国民航与美国麦克唐纳·道格拉斯飞机公司签订购买 60 架 MD-82 型飞机的协议。

▲ 3 月 19 日　胡逸洲任中国民用航空局局长，郭允中任中国民用航空局党委书记。

▲ 5 月 7 日　中国民航第一座训练中心在天津中国民航学院成立。

▲ 5 月 28 日　国务院颁发《关于开办民用航空运输企业审批权限的暂行规定》。

▲ 6 月 13 日　中国民航局组建中国联合航空公司。

▲ 6 月 20 日　中国民航第一批飞行员赴美接受波音喷气客机改装训练。9 月底，随第一架到货波音飞机回国。

▲ 6 月 27 日　中国民航与苏联全苏航空出口公司签订购买 8 架图 -154M 型飞机的协议。

▲ 7 月 11 日　国务院办公厅、中央军委办公厅颁发《关于建设机场和合用机场审批程序的若干规定》。

▲ 8 月 1 日　民航上海管理局新到欧洲空客飞机工业公司 A310 型飞机 2 架，开始投入航线使用。

▲ 10 月 4—9 日　中国和波兰两国航空当局代表团在华沙举行谈判，草签了两国航空协定。

▲ 10 月 10 日　中国民航局与国家工商行政管理局发出《关于开办航空运输企业审批程序的通知》。

▲ 11 月 2 日　中国民用航空局对乘务员定员作出规定。

▲ 11 月 25 日　国务院批转公安部、民航局《关于简化购买国内飞机票手续问题的请示》，国内旅客凭身份证和介绍信购买机票。

▲ 12 月 10 日　中国民航局为航空工业部哈尔滨飞机制造公司生产的运 -12 型飞机颁发型号合格证。

▲ 12月30日　上海航空公司正式成立。

同日　国务院、中央军委颁发《关于军民合用机场使用管理的若干暂行规定》。

1986年

▲ 1月8日　国务院发布《通用航空管理暂行规定》。

▲ 1月30日　国务院、中央军委决定设立国家空中交通管制局，负责全国空中交通管制工作。8月25日开办。郭允中任局长。

▲ 2月17日　中国政府和新加坡政府签订《中华人民共和国政府和新加坡共和国政府关于旅游、民航及展览合作协定》。

▲ 3月5—19日　中国与美国签署了《中美空技术合作协议》。

▲ 3月17—20日　中国、波兰两国政府在北京签署了两国民航协定。

▲ 4月6日　国务院发布《民用机场管理暂行规定》。

▲ 4月29日　国产运 –7 型飞机载客首航典礼在安徽合肥机场举行。

▲ 4月30日　《中国民航（简讯）》正式更名为《中国民航报》。

▲ 5月　武汉航空公司成立。

▲ 6月30日　中国民航使用波音747型飞机开辟北京—沙迦—罗马—法兰克福航线。

▲ 7月24日　胡逸洲任中国民用航空局党委书记。

▲ 9月9—12日　中国和德国在北京就两国航空协定（英文本）达成协议。

▲ 9月19日　四川航空公司成立。

▲ 9月20日—10月10日　中国政府民航代表团出席在加拿大蒙特利尔市举行的国际民航组织第26届大会。中国继续当选为国际民航组织理事国。

▲ 10月22日　民航局与航空工业部签订购买40架国产运 – 7 飞机的总协议书。

▲ 10月27日　中日两国航空当局达成协议，从1987年4月开始，全日空航空公司开辟东京—北京国际航线；中国民航开辟北京—福冈、上海—福冈、北京—大连—东京航线。

▲ 12月24日　中国民航局向哈尔滨飞机厂颁发运 12 Ⅱ 型飞机生产许可证，这是我国第一个按适航证要求取得生产许可证的民用飞机。

▲ 12月25日　中国联合航空公司在北京成立。

1987年

▲ 1月1日　经中宣部和国家新闻出版署批准，《中国民航报》公开发行。

同日　执行新的民航飞行人员执照制度。

▲ 1月30日　国务院批准中国民航局《关于民航管理体制改革方案和实施步骤报告》。

▲ 2月11日　中国飞龙专业航空公司成立。

▲ 2月18日　中国和德国两国政府《民用航空运输协定》签订。

▲ 3月6日　中国民航订购的美国波音767–200ER 型客机到达北京。

▲ 3月16日　民航成都管理局使用波音707型飞机开辟北京—成都—拉萨航线。

▲ 3月26日　国务院批准撤销空警建制，由民航组建航空安全员队伍。

▲ 4月27日　民航局颁发《国际航空运输销售代理人管理暂行规定》。

▲ 4月30日　中国民航使用波音707型飞机开辟北京—乌鲁木齐—沙迦—伊斯坦布尔航线。

▲ 5月4日　国务院颁布《中华人民共和国航空器适航管理条例》，自1987年6月1日起施行。

同日　中国民航使用波音767型飞机开辟北京—莫斯科—柏林航线。

▲ 5月6—26日　在大兴安岭特大森林火灾中，民航沈阳、北京、成都管理局及工业航空公司共调派56架飞机参加灭火救灾。

▲ 7月17日　作为民航管理体制改革试点的民航西南管理局、中国西南航空公司、成都双流机场完成组建工作，开始试运行，10月15日宣布正式成立。

▲ 7月27日 中国民航局为西安飞机制造公司颁发《运 -7飞机生产许可证》。

▲ 7月31日 中美合作制造的第一架MD-82型客机交付中国民航沈阳管理局，该机从8月1日起正式投入航班飞行。

▲ 9月6日 中国民航使用波音747SP型飞机开辟北京—上海—温哥华航线。

▲ 9月20日 中国民航订购美国的首架波音757-200型飞机到达广州。

▲ 10月6日 民航工业航空服务公司利用双水獭飞机试航塔克拉玛干沙漠钢板跑道成功，为沙漠石油钻井工人提供服务和运送急需物资。

▲ 10月15日 邓小平同志为"中国国际航空公司"名称题字。

▲ 12月15日 国家教委批准，中国民航飞行专科学校升格为中国民航飞行学院。

▲ 12月21日 国务院办公厅批复中国民航局和福建省人民政府《关于改变厦门国际机场管理体制的请示》，同意该机场下放给厦门市人民政府管理。

▲ 12月30日 国家空中交通管制局撤销。

1988年

▲ 3月29日 民航北京管理局使用波音747飞机开辟北京—上海—沙迦—巴黎航线。

▲ 4月21日 民航局颁发中国民用航空规章第27部《一般类旋翼航空器适航标准》、第29部《运输类旋翼航空器适航标准》。

▲ 5月25日 中国和捷克斯洛伐克两国政府《民用航空运输协定》在北京签订。

▲ 6月25日 民航上海管理局实行政企分开，分别成立民航华东管理局、中国东方航空公司和上海虹桥国际机场。

▲ 7月1日 民航北京管理局实行政企分开，分别成立民航华北管理局、中国国际航空公司和北京首都国际机场。

▲ 8月25日 中国国际航空公司使用波音767型飞机开辟北京—莫斯科—斯德哥尔摩航线。

▲ 10月22日 中国民航厦门航站作为机场管理体制改革试点下放地方政府管理。

▲ 10月25日 七届人大一次会议批准的国务院机构改革方案，保留中国民用航空局。

▲ 11月15日 国家机构编委印发《中国民用航空局"三定"方案》的通知。

▲ 12月20日 中国和印度两国政府《航空运输协定》在北京签订。

1989年

▲ 1月15日 民航国内航线新客票启用。新客票分一联和二联两种形式，票面印有中英文两种文字。

▲ 2月20日 国务院发布《国内航空运输旅客身体损害赔偿暂行规定》，自5月1日起实施。

▲ 3月2日 国务院颁发《民用航空运输不定期飞行管理暂行规定》。

▲ 3月13日 中国民航工业航空公司更名为中国通用航空公司，下属分公司亦相应更名。

▲ 3月20日 中国民航局和中国人民保险公司决定在全国范围内开办航空运输人身意外伤害保险业务。

▲ 3月31日 中国和马来西亚两国政府《航空运输协定》在北京签订。10月6日，中国民航开辟广州—吉隆坡国际航线。

▲ 4月8日 中国和蒙古两国政府《民用航空运输协定》在北京重新签订，以代替1958年1月17日签订的协定。

▲ 4月16日 沈阳桃仙机场通航。

▲ 5月26日 中国民用航空飞行校验中心正式成立。

▲ 5月31日 世界卫生组织向中国国际航空公司颁发"戒烟健康奖"。

▲ 7月28日、9月26日 中国民航分别恢复乌鲁木齐—阿拉木图国际航线和开辟哈尔滨—哈巴洛夫斯基（伯力）国际航线。

▲ 8月1日 北京飞机维修工程有限公司(Ameco)成立。

▲ 8月13日　中国民航工业航空服务公司改为"中国通用航空公司"。

▲ 9月5日　经国务院批准，调整了民航国内航线旅客运价，调整后的运价平均上调幅度为77%。71条主要旅游热线仍对中外旅客统一实行公布票价。

▲ 9月14日　中国和阿拉伯联合酋长国两国政府《民用航空运输协定》在沙迦签订。

▲ 9月19日—10月6日　中国在第27届国际民航组织大会上再次当选为该组织理事会理事国。

▲ 10月25日　波音747-400飞机投入国内航线飞行。

▲ 10月28日　中国民航建立的计算机旅客订座系统正式启用。

▲ 11月30日　广州飞机维修工程有限公司（Gameco）正式成立。

▲ 12月6日　中国民航西北管理局、西北航空公司和西安西关机场正式成立。

1990年

▲ 1月22日　新建重庆江北机场举行开航典礼。

▲ 2月27日—3月2日　中国民航局在北京与英国民航局进行地区航线谈判，签署了会谈纪要，取得了我3家企业在内地8个点至香港地区航线飞定期航班的权利。

▲ 3月12日　民航成都飞机维修工程公司成立（原民航103厂）。

▲ 3月16日　民航局发出《关于在北京进近和上海—广州航路进行雷达管制试点的通知》，12月1日在北京实行雷达监控试点。

▲ 4月1日　即日起，我国各大航空公司及未实行政企分开的地区管理局将在业务活动中使用由国际航协分配的航空公司两字代号和三字运输凭证数字代码。

▲ 4月19日　在北京成立第十一届亚洲运动会组委会飞行指挥部。中国民航飞机承担此届亚洲运动会的火种运送任务。中国民航亚运会航空运输

保障：6月21日至10月6日，中国国际航空公司、通用航空公司派出直升机3架、运-5型飞机2架为亚运会提供服务，共飞行170架次、122小时。中国国际航空公司在40天内，共迎送飞机6140架次，迎送旅客587494人次，保质保量圆满完成了亚运会任务。

▲ 7月　中国通用航空公司3架里-2型飞机退役，至此，为民航服役40年的里-2型飞机已全部退役。

▲ 10月10日　民航局转发《国务院、中央军委空中交通管制委员会关于向国际开放两条过境航路问题的通知》，即香港经武汉、北京、二连浩特至苏联，平壤经开源至苏联航路，1991年1月13日20时正式对外航开放。

▲ 10月25日　中国国际航空公司在美国西雅图接收首架波音747-200F型货机。

▲ 10月26日　民航上海飞机维修工程公司成立（原民航102厂）。

▲ 10月29日—11月2日　中国和肯尼亚两国在内罗毕谈判并草签了《中华人民共和国政府和肯尼亚共和国政府民用航空运输协定》。

▲ 11月1日　国务院口岸办、海关总署、民航局联合发文，同意国际航班国内段可载运外国旅客、华侨、港澳台胞，以充分利用动力。

▲ 11月26日　民航局局长胡逸洲签署第14号中国民用航空局令，颁发《我国民用航空不定期飞行管理规则》。

▲ 12月2日　民航局颁发《民用航空器国籍登记的规定》。

▲ 12月26日　中国西南航空公司重庆分公司成立。

1991年

▲ 1月13日—8月20日　因中东战争，应国际民航组织亚太地区办事处要求，我国开通了香港—广州—北京—二连浩特—蒙古（至苏联、欧洲方向）应急航路。

▲ 1月20日　蒋祝平任中国民用航空局党委

书记。

▲ 1月31日 中国和印度尼西亚两国政府《民用航空运输协定》在雅加达签订。6月18日，中国国际航空公司开辟北京—厦门—雅加达国际航线。

▲ 2月1日 中国南方航空公司成立。

▲ 2月26日 蒋祝平任中国民用航空局局长。

▲ 3月4日 航空航天部与中国民航局在北京联合召开运-7型飞机"双十五万"（安全飞行小时和安全起落超15万）表彰经验交流会。

▲ 4月1日 中国北方航空公司成立。

▲ 4月4日 民航局向中国南方航空公司颁发《航空运输企业经营许可证》。

▲ 4月12日 民航局向中国航空股份有限公司（中国航空公司）颁发《航空运输企业经营许可证》，同时批准中国航空股份有限公司章程。

▲ 7月1日 民航系统8名有突出贡献的工程技术专家管德、李岑、张嘉林、林立仁、刘仁、刘明治、邢学祥、吴问涛荣获1991年政府特别津贴。

▲ 7月27日 中国国际航空公司、首都国际机场、东方航空公司等17家民航直属企业，分别同蒋祝平局长签订《承包经营责任书》。民航直属企业全民所有制企业全面实行承包经营责任制。

▲ 9月27日 民航颁发贵州航空公司《航空运输企业经营许可证》。

▲ 9月29日 中国民航局发布《民用机场管理暂行规定实施办法》。

▲ 10月8日 中国国际航空公司开辟北京—迪拜—开罗航线。

▲ 10月10日 中国民用航空协会在北京成立。

▲ 10月11日 中国航空结算中心成立。

▲ 10月12日 深圳黄田机场通航。

▲ 10月14—18日 第27届亚洲及太平洋地区民航局长会议在北京举行。中国民航局局长蒋祝平当选为会议主席。

▲ 10月15日 中美两国政府《关于进口航空产品适航审定批准或许可协议》互换外交照会确认生效。

▲ 10月31日 三叉戟客机从中国民航全部退役。

▲ 11月18日 美国联邦航空局把上海组装MD-82飞机生产许可的审查监督责任移交给中国民航局。

1992年

▲ 3月1日 民航局、财政部、国家物价局联合颁发《关于征收民航机场管理建设费的通知》。

▲ 3月8日 我国与越南重签《中华人民共和国政府和越南社会主义共和国政府民用航空运输协定》。

同日 民航局、财政部、国家物价局颁发《关于调整民用机场收费标准的通知》，即日起执行。

▲ 3月10日 中国航空器材公司、中国东方航空公司向荷兰订购7架福克100型客机。

▲ 3月31日—10月31日 中国开辟和恢复通往蒙古、越南、奥地利、西班牙、吉尔吉斯斯坦、日本、科威特、老挝等9条国际航线。

▲ 5月7日 中国飞龙航空专业公司购买8架法国"小松鼠"直升机用于航空护林。

▲ 5月17日 我国与马绍尔两国政府《民用航空运输协定》正式签订。

▲ 6月5日 中国国际航空公司开辟北京—巴基斯坦卡拉奇—奥地利维也纳国际航线。

▲ 6月16日 民航东北管理局、沈阳桃仙机场、民航东北管理局航务管理中心正式成立。

▲ 6月17日 新疆通用航空公司成立。

▲ 7月13日 中国航空公司、香港中旅（集团）有限公司与汇丰银行达成协议，中航与中旅购入汇丰控股持有的10%的香港国泰航空公司股权。

▲ 7月18日 新疆航空公司"湿租"的两架客机抵达乌鲁木齐机场，这是国内首例以"湿租"方式引进飞机。7月20日，首航乌鲁木齐—北京航线。

▲ 7月28日 中国云南航空公司成立。

▲ 8月12日 第一家中外合资航空油料企业——深圳承远航空油料有限公司正式运营。

▲ 9月2日 长城航空公司成立。

▲ 9月6日 大连经南京至广州航空邮路投入

运营。

▲ 9月19日　民航青海省管理局和中国南方航空海南公司成立。

▲ 9月26日　在国际民航组织第29届大会上，中国再次当选为理事国。

▲ 10月5日　东南亚经我国（香港经桂林、成都、乌鲁木齐至阿拉木图）、俄罗斯至欧洲的欧亚航路开通。

▲ 10月11日　中国航空公司（香港）有限公司正式注册成立。

▲ 10月26日　中国国际航空公司恢复北京—巴基斯坦卡拉奇—科威特国际航线。

▲ 11月25日　深圳航空公司成立。

▲ 12月17日　中国南方航空公司向美国波音公司订购6架波音777-200型客机。

▲ 12月20日　民航广州管理局实施体制改革，民航中南管理局、广州白云国际机场正式成立。

▲ 12月25日　经国务院正式批准，以中国东方航空公司为核心企业组建中国东方航空集团。

▲ 12月26日　国家计委、国家体改委、国务院经贸办批准组建中国国际航空集团和中国南方航空集团。

1993年

▲ 1月1日　经国务院批准，民航局向国内航空运输企业的国际、国内航线运输收入按比例征收民航基础设施建设基金。

▲ 1月8日　海南航空公司注册成立。

▲ 1月22日　民航局局令发布《湿租外国航空器从事商业运输暂行规定》。

▲ 2月3日　中国民用航空局发布《民用航空器维修许可审定的规定》。

▲ 3月3日　国务院经济贸易办公室同意赋予中国国际航空集团、中国南方航空集团进出口经营权。

▲ 4月7—24日、5月6—18日　蒋祝平局长等参加国家空中交通管制考察团，对美国、澳大利亚、俄罗斯进行考察。9月8日，国务院、中央军委

转发了该团的考察报告和分三步实现我国空管体制改革的意见。

▲ 4月19日　中国民用航空局改称"中国民用航空总局"。

▲ 4月21日　中国和新加坡两国政府《航空运输协定》在北京签订。

▲ 5月2日　海南航空公司正式投入运营，是我国第一家直接接收外资的公司。

▲ 5月4日　中国国际航空公司在由北京飞往广州的2448号客机上，首次使用机载卫星电话。

▲ 5月5日　中国与文莱、达鲁萨兰国两国政府《航空运输协定》正式签订。

▲ 5月17—20日　中国与周边地区的朝鲜、俄罗斯、蒙古、日本、哈萨克斯坦、缅甸、巴基斯坦、越南、尼泊尔、老挝等国及香港地区在北京修改签订了新的《双边管制移交协议》。

▲ 6月6日　中国新华航空公司在北京成立，基地设在天津张贵庄机场。6月8日，首航天津—深圳航线。

▲ 6月21日　中国和古巴两国政府《航空运输协定》在北京签订。

同日　中国和保加利亚两国政府《航空运输协定》在北京签订。

▲ 7月5日　中国和乌克兰两国政府《航空运输协定》在北京签订。

▲ 7月29日　中国民用航空总局发布《定期国际航空运输管理规定》。

▲ 7月30日　民航飞行学院所属一、二、三、四分院分别更名为中国民用航空飞行学院新津、广汉、洛阳、绵阳分院。

▲ 8月12日　中国民航总局批准中国南方航空公司和北京航空航天大学联合组建飞行学院。

▲ 9月1日　中共中央总书记江泽民、国务院总理李鹏分别审查了北京首都国际机场新航站楼设计方案模型。

▲ 9月15日　中国和匈牙利两国政府《航空运输协定》在布达佩斯签订。

▲ 10月6日　中国东方航空集团在上海宣布成立。

▲ 10月10日　中国南方航空集团在广州宣布成立。

▲ 10月11日　中国和以色列两国政府《航空运输协定》在北京签订。

▲ 10月15日　我国实施新的高度层配备，6000米以上的飞行垂直间隔由1000米减为600米。

▲ 10月16日　国家技术监督局批准发布《民用航空器飞行事故等级》标准，7月1日施行。

▲ 10月18日　中国和哈萨克斯坦两国政府《航空运输协定》正式签订。

▲ 10月21日　中国和新西兰两国政府《航空运输协定》在惠灵顿签订。

▲ 11月8日　中国和朝鲜两国政府《航空运输协定》在平壤重新签订。

▲ 12月6日　民航总局、公安部联合下发《关于严格审查处理劫持、爆炸飞机嫌疑人员的通知》《中国民用航空总局、中华人民共和国公安部关于民航安全的通告》。8日，国务院下发《关于加强民用航空安全工作的通知》。13日，民航总局、公安部联合下发经国务院批准的《关于加强反劫机的措施》。17日，国务院办公厅下发《关于积极配合民航部门认真做好空防安全工作的通知》，对各级人民政府协助民航系统做好空防安全工作提出了要求。

▲ 12月10日　中国国际航空集团在北京成立。江泽民总书记题词："大力发展国际航空，为改革开放铺路搭桥"；李鹏总理题词："祝贺中国国际航空集团公司成立，为改革开放做出贡献。"

▲ 12月20日　国务院决定，中国民用航空总局的机构规格由副部级调整为正部级。

▲ 12月21日　陈光毅任中国民用航空总局局长。

同日　民航总局发布关于规范使用"中国民航"用语和局徽的通知。

▲ 12月30日　民航总局通知，从1994年1月1日起，与人民币汇率并轨同幅度调整国内航线公布票价。

▲ 同年　颁布《旅客意外伤害强制保险条例》。

1994年

▲ 1月1日　中国民航航空结算中心代表国内各航空公司加入国际航空协会清算所，实现中国民航财务清算与国际民航接轨。

▲ 1月26日　运8型（货运）飞机取得型号合格证。与其配套的涡桨–6型发动机和J–17GB型螺旋桨也取得型号合格证。

▲ 2月1日　《中国民用航空空中交通管制工作规则》经修改后，即日起施行。

▲ 3月2日　中国和马尔代夫两国政府《航空运输协定》正式签订。

▲ 3月12日　山东航空公司成立。

▲ 4月19日　中国和乌兹别克斯坦两国政府《航空运输协定》正式签订。

▲ 6月15日　运7 H500型飞机获中国民航型号合格证书。

▲ 7月3日　运12型飞机获中国民航总局颁发的型号合格证。

▲ 7月11日　中国和巴西两国政府《航空运输协定》正式签订。

▲ 10月16日　西藏昌都邦达机场竣工，机场标高4334米，为世界上海拔最高的机场。

▲ 10月18日　中美合作生产的第35架MD–82型飞机在上海交付，历时9年中美合作生产的35架麦道飞机项目全部完成。

▲ 10月31日　中国和韩国两国政府《航空运输协定》在汉城签订，并签署《合作开发民用客机备忘录》。

▲ 12月1日　中国航空器材波音北京零备件中心正式成立。

▲ 12月14日　邮电部宣布筹建邮政航空公司。

▲ 12月26日　中国民航总局与上海市人民政府签订交接议定书，将上海虹桥国际机场现有各单位的人员和财产全部移交给上海人民政府管理。

▲ 12月30日　国家科委发文，将原民航局第一研究所更名为"中国民航科学技术研究中心"。

▲ 12月31日　国家体改委批准设立中国南方航空股份有限公司和中国东方航空股份有限公司。

1995年

▲ 1月6日 中国国际航空公司飞行总队安全飞行40周年表彰大会在人民大会堂隆重召开，邹家华副总理、王光英副委员长出席。民航局长陈光毅传达中央领导同志的题词。江泽民总书记题词："保证飞行安全，提高服务质量，为我国改革开放和经济建设服务"；李鹏总理题词："联结世界的纽带，通向四化的桥梁"；乔石委员长题词："严格要求，科学管理，赶超世界先进水平，再创安全飞行新纪录"；李瑞环主席题词："长空万里，安全第一"；朱镕基副总理题词："40周年是100周年的一个重要中间阶段，祝国航飞行总队开始新的长征"；邹家华副总理题词："高标准，严管理，安全飞行永恒命题，坚持不懈再创辉煌。"

▲ 1月12日 民航总局批准公布《中国民航新航行系统（CNS/ATM）实施政策》，并于9月由国际民航组织第31届大会对外公布。

▲ 1月17日 中国政府与白俄罗斯政府在北京签署了《中华人民共和国和白俄罗斯共和国政府民用航空运输协定》。

▲ 3月23日 中美双边适航协议新的实施程序细则生效。

▲ 3月26日 中国运-12IV型号飞机获美国联邦民航局型号合格证。这是中国制造的民用飞机首次获美国联邦民航局适航证。

▲ 4月28日 成都—昌都航线开通。

▲ 5月18日 邮政航空公司购买3架运8型邮政飞机，11月26日，首架交付使用。

▲ 5月23日 陈光毅局长陪同朱镕基副总理会见毛里求斯副总理纳巴布·辛格，并在北京出席两国政府航空协定签字仪式。

▲ 6月23—29日 第八届全国人民代表大会常务委员会第十四次会议审议《民用航空法》。

▲ 8月30日—9月15日 民航圆满完成世妇会航空运输保障任务。共利用1238个班次，运送195个国家和地区及50个组织的与会代表29203人次，以及我国各省、市、自治区的与会代表4000人次。

▲ 9月1日 首都机场36R仪表着陆系统开始使用，成为我国首先使用Ⅱ类仪表着陆进近的机场。

▲ 9月15日—10月1日 国际民航组织第31届大会上，中国再次当选为理事国。

▲ 10月30日 第八届全国人大常务委员会第十六次会议通过《中华人民共和国民用航空法》，国家主席江泽民签发第五十六号令公布，自1996年3月1日起施行。

1996年

▲ 1月17日 江泽民总书记听取民航总局局长陈光毅的工作汇报后作重要批示："这两年民航工作有显著成绩，中央'关于加强民航工作的决定'的决策是正确的，你们提出的总体要求、工作思路也是对的，希望继续认真抓下去，把民航办得更好。必须始终坚持'安全第一'的指导方针，时刻保持警惕，居安思危，防微杜渐，对民航来说更加重要。务必牢记，要重视党的建设和思想政治工作，加强组织纪律性，保持和发扬民航的优良传统，带出一支思想、业务、作风过硬的好队伍。"

▲ 1月31日 民航总局党委作出《关于发展通用航空若干问题的决定》。

▲ 3月1日 中国国际、东方、南方航空公司与台湾中华航空公司联运协议生效，开始互相接受航空运输凭证，内地经香港至台湾实现一票到底。

▲ 3月18日 国家技术监督局发布《公共航空运输服务质量标准》（GB/T16177-1996），自9月1日起施行。这是中国运输行业第一部服务质量国家标准。

▲ 4月12日 新疆航空公司执行首次旅客去麦加朝觐的包机任务。

▲ 5月21日 中国和津巴布韦两国政府《民用航空运输协定》在北京签订。

▲ 5月23日 中国和荷兰两国政府《中荷民用航空运输协定》在北京签订。

▲ 6月3日 中国和智利两国政府《中智民用航空运输协定》正式签订。

▲ 6月13日 中国和黎巴嫩两国政府《中黎民用航空运输协定》在北京签订。

▲ 6月30日 北京—上海、上海—广州两条航路交由民航管制。

▲ 7月4日 中国和吉尔吉斯斯坦两国政府《中吉民用航空运输协定》在比什凯克签订。

▲ 11月12日 "中国民航集中式计算机货运系统"获国家"八五"科技攻关重大科技成果奖。

▲ 11月25日 中国邮政航空公司成立。

▲ 同年 中国东方航空公司招收日本籍空姐，首开中国民航聘用外籍乘务员的先例。

1997年

▲ 1月9日 中共中央总书记、国家主席江泽民，国务院总理李鹏，国务院副总理吴邦国在陈光毅局长陪同下，在中南海怀仁堂亲切会见参加全国民航安全工作会议的部分代表。

▲ 5月15日 中国航空器材进出口公司向法国空中客车工业公司预订30架空客310系列客机的框架协议签字仪式在人民大会堂举行。

▲ 6月25日 国务院决定，中国政府加入《关于国际民用航空公约第56条的议定书》等五项关于修改《国际民航公约》的议定书。国际民航组织通知自7月23日起生效。

▲ 6月26日 国家计委、民航总局联合发出《关于国内航线票价管理办法有关问题的通知》，规定自7月1日起国内航线票价取消双轨制，境外旅客在境内购买中国民航国内航班机票，与境内旅客执行同价，在国外购票仍使用"公布票价"。

▲ 6月29日—7月2日 民航圆满完成中国政府代表团出席香港政权交接仪式暨香港特别行政区政府成立庆典活动的专机任务。这是中国民航历史上规模最大的专机飞行。

▲ 9月1日 中国和马耳他两国政府《中马民用航空运输协定》在北京签订。

▲ 9月8日 民航总局下发《关于国内航线票价暂试行幅度管理通知》，规定自15日起国内航线票价试行幅度管理。

▲ 9月23日 中国和马达加斯加两国政府《中马民用航空运输协定》在北京签订。

▲ 10月26日 民航总局向陕西飞机制造公司颁发Y8F-200型飞机TC003A型号合格证。

▲ 10月30日 中国和美国两国政府在华盛顿签署《关于加强中美两国民航领域合作关系的纪要》，中国民航向美国波音公司预购50架飞机。

▲ 12月10日 中国和斐济两国政府《中斐民用航空运输协定》在北京签订。

▲ 12月12日 在香港特别行政区登记注册的航空器国籍标志更改工作结束，原标志"VR"改为中国民用航空器国籍标志"B"。

▲ 12月25日 中国航空结算中心完成的中国民航收入管理计算机系统荣获国家科技进步二等奖。

▲ 12月30日 北京终端管理区开始实施雷达管制。

1998年

▲ 1月5日 民航总局批准东方航空集团公司对中国通用航空公司实行兼并。

▲ 1月31日 国务院总理李鹏对民航工作作出重要批示。

▲ 2月20日 财政部下发《关于民航总局直属企业"九五"后3年财税体制的通知》。

▲ 2月24日 中国与巴林两国政府《民用航空运输协定》在北京正式签订。

▲ 3月5日 中国西南航空公司最后一架波音707飞机退役。至此，国内所有的波音707飞机已全部退役。

▲ 3月10日 贵州航空股份有限公司成立。

▲ 3月29日 国务院关于机构设置通知，国务院机构设有"中国民用航空总局"。

▲ 4月1日 京沪、沪穗两条航路正式开始实施雷达监控，飞行间隔由150公里缩小到75公里。

▲ 4月28日 民航总局向中国国际航空公司颁发航空承运人运行合格证。

▲ 4月29日 民航总局向西安飞机工业公司颁发Y7-200A飞机VTC009A型号合格证。

▲ 同日 民航总局下发《关于调整国内航线票价最大优惠幅度的紧急通知》，规定自1998年5月8日（售票时间）起，国内航线票价最大优惠幅度调整为20%。

▲ 5月28日 上海机场（集团）有限公司正

式挂牌成立。

▲ 6月1日　中国民航停止使用莫尔斯人工无线电报通信方式。

▲ 6月18日　刘剑锋任中国民用航空总局党委书记。

▲ 6月25日　刘剑锋任中国民用航空总局局长。

▲ 7月5日　具有国际先进水平的中国民航旅客服务计算机订座系统新主机系统顺利投产，其数据处理能力达到原来的4倍以上。

▲ 7月24日—8月31日　长江、嫩江、松花江流域发生特大洪涝灾害。民航系统大力支援抗洪救灾，共抢运物资400多吨，保障救灾飞行1000多架次。

▲ 8月18日　中国第一家专业航空货运公司——中国航空货运有限公司在沪成立。

▲ 9月27日　民航总局将周恩来总理专机（伊尔-14型678号）捐赠给天津市周恩来、邓颖超纪念馆。

▲ 9月28日—10月1日　国际民航组织举行关于《国际民航公约》中文正式文本的外交会议，通过了《关于国际民用航空公约（1944年，芝加哥）六种语言正式文本的协议书》，规定中文为公约的正式文本。

▲ 11月4日　第九届全国人民代表大会常务委员会第五次会议决定：批准《制止在用于国际民用航空的机场发生的非法暴力行为以补充1971年9月23日订于蒙特利尔的制止危害民用航空安全的非法行为的公约的议定书》，同时声明：我国在加入《制止危害民用航空安全的非法行为的公约》时对该公约第14条第1款所作的保留同样适用于该议定书。

▲ 12月3日　中国和摩洛哥王国两国政府《民用航空运输协定》在北京签订。

1999年

▲ 2月2日　中国和南非两国政府《民用航空运输协定》在开普敦签订。

▲ 3月2—4日　中国分别与爱沙尼亚和拉脱维亚签订了《航空运输协定》。

▲ 4月8日　中国和美国两国政府《民用航空运输协定》再次签订。

▲ 4月9日　中国和卡塔尔国两国政府《民用航空运输协定》在北京签订。

▲ 4月15日　民航总局同意台湾中华航空公司、长荣航空公司在北京设立办事处。

▲ 4月28日　云南迪庆机场通航。

▲ 5月9—11日　中国国际航空公司刘晋平机组出色完成赴南斯拉夫首都贝尔格莱德接回中国驻南斯拉夫大使馆人员的专机任务。

▲ 5月10—28日　国际民航组织在蒙特利尔召开航空法大会，制订审议和通过新的《统一国际航空运输某些规则的公约》（《蒙特利尔公约》，又称《新华沙条约》）。经国务院批准和授权，由民航总局、外交部和香港特别行政区政府代表组成的中国政府代表团出席大会，并签署大会的最后文件和公约。

▲ 7月21日　内地和香港、澳门特区民航的有关部门在广州市举行了管制会议，重新签署了涉及珠江三角洲飞行程序、管制指挥和移交方法的协议。

▲ 9月15日　江西南昌昌北机场通航启用。

▲ 9月16日　上海浦东国际机场通航。

▲ 11月1日　首都国际机场新航站楼正式启用。

▲ 12月19—20日　中国国际航空公司机组圆满完成澳门回归的专机保障任务。

▲ 同年　澳门回归后澳门民用航空器国籍标志为"B"。

2000年

▲ 1月5日　广州空中交通管制区域实施雷达管制指挥。这是中国民航首次在一个大的飞行区域范围内进行雷达管制，飞行间隔缩小到20千米。同日，经修改的《中国民用航空空中交通管理规则》开始施行。

▲ 3月10日　中国和秘鲁两国政府《民用航空运输协定》正式签订。

▲ 3月21日　中国民用航空学院空中交通管理学院成立。

▲ 4月1日　即日起，国内25家航空公司在108条多家共飞航线上实现联营，以避免各航空公司间的恶性竞争，促进全行业的健康发展。

▲ 4月3日　民航总局发布《民航运输机场应急救援规则》(CCAR-139-II)，自发布之日起施行。

▲ 6月7日　中国和摩尔多瓦共和国两国政府《民用航空运输协定》在北京签订，定于2000年12月22日生效。

▲ 6月24日　中国第一条欧亚新航行系统航路L888试飞成功。

▲ 6月30日　国务院、中央军委空中交通管制委员会于1998年10月27日批准的《全国军民航管制区域调整方案》和《全国军民航航路移交和航线管制指挥方案》正式实施。

▲ 7月24日　《中华人民共和国飞行基本规则》由中华人民共和国国务院总理和中央军事委员会主席签署命令发布，自2001年8月1日零时起施行。

▲ 8月18日　中国航空油料股份有限公司成立。

▲ 10月18日　中国民航信息网络股份有限公司成立。

▲ 11月27日　刘剑锋局长签署民航总局第94号令，发布《民用航空飞行标准委任代表和委任单位代表管理规定》(CCAR-183-FS)，自发布之日起施行。

2001年

▲ 1月1日　即日起，全国共有3765家航空运输销售代理企业使用自动打票机销售BSP中性机票。手写机票在中国成为历史。

▲ 1月5日　北京空中交通管制区域实施雷达管制指挥，飞行间隔由75公里缩短到20公里。

▲ 1月6日　民航总局副局长鲍培德会见了台湾国民党"三通参访团"和新党"三通参访团"。

▲ 1月9日　中国邮政航空公司获得了民航总局颁发的运行合格证。

▲ 1月15日起　北京空中交通管制区实施雷达管制指挥。

▲ 1月16日　首都国际机场与天津滨海国际机场正式宣布联合组建机场集团，这是中国民航首次跨越区域的机场合并。

▲ 2月6日　民航总局批准发布民用航空行业标准《公共航空运输服务事故等级》(编号MH/T 1011-2001)，自2001年7月1日起施行。

▲ 2月8日　中国民航学院科研项目"飞机飞行操纵品质监控工程"获得国家科技进步二等奖。

▲ 2月11日　民航总局机场司司长蒋作舟荣获"全国工程设计大师"称号。

▲ 2月13日　山东航空公司与庞巴迪公司签署了购买4架"挑战者"604宽体公务机的协议。

▲ 2月17日　云南航空公司向加拿大庞巴迪宇航公司订购了6架CRJ200支线客机。

▲ 2月　民航总局发布《民用机场不停航施工管理规定》。

▲ 3月19日　中国民航总局关于修订《中国民用航空空中交通管理规则》的决定，自2001年8月1日起施行。

▲ 3月20日　新疆航空公司宣布其5架图-154飞机同时退役，这将标志着中国民航直属航空公司中将不再有图-154飞机。

▲ 3月25日　东航商务旅客推出"东航快线"服务，成为国内首家在同一航线推出公交化航班的航空公司。

▲ 3月26日　东航正式开通北京直飞巴黎的航线，从而改变了过去国内航班北京飞巴黎需经上海转乘的历史。

▲ 3月28日　国务院第97次总理办公会议讨论了民航总局《关于深化民航体制改革总体框架及直属航空运输企业重组方案》，原则同意按该方案实施改革，民航直属航空运输和服务保障企业改革重组工作正式启动。

▲ 4月16日　中国首次颁发民用直升机型号合格证。

▲ 4月17日　山东航空公司、上海航空公司、深圳航空公司、四川航空公司、武汉航空公司、中国邮政航空公司签署《组建中国中天航空企业集团

协议书》。

▲ 5月1日 《民用机场旅客航站区无障碍设施设备配置标准》正式实施。

▲ 5月18日 中国南方航空与德国MTU发动机公司合资组建的摩天宇航空发动机维修有限公司在珠海成立。

▲ 5月20日 即日起，民航总局在实行收入联营的广州至北京、上海、昆明航线，深圳至北京、上海、成都航线，上海至重庆航线，海口至北京、上海、广州、深圳、成都、重庆、昆明航线和三亚至广州航线上，在正常票价基础上，试行符合购票时限等限制条件的特种票价。

▲ 5月30日 东方航空公司首次试飞芝加哥—上海极地航路成功。7月15日，南方航空公司试飞纽约—北京极地航路成功。

▲ 6月14日 经民航总局批准，新疆通用航空公司与西北航空公司签订了西北航参股新疆通用航空有限责任公司协议书，以共同开发西北通用航空市场。

▲ 6月中旬 中国西南航空公司与俄罗斯布拉格维申斯克航空公司就出售4架图-154客机达成了协议。

▲ 6月20日 民航西北管理局向长安航空公司颁发了Y-7客改货飞机适航证书。

▲ 6月23日 新疆航空公司开通乌鲁木齐至香港的旅游包机航线，这是新疆首条直飞香港的航线。

▲ 6月30日 我国第一条雷达管制航路——北京至广州航路（京广航路）正式开通。

▲ 6月 中国西南航空公司招收中国民航史上首批藏族大学生飞行学员。

▲ 7月24日 中国民航同时也是亚洲航空公司引进的首架波音737-600型客机飞抵成都双流国际机场。

▲ 8月1日 国务院、中央军委重新颁布了《中华人民共和国飞行基本规则》正式实施。

▲ 8月8日 上海航空公司最新引进的HAWK800XP公务机抵达上海浦东国际机场，该机于8月12日投入运营。

▲ 8月9日 民用机场高度表拨正程序和过渡高度层改革正式实施，8400米以上飞行高度层间

隔为600米，6000米至8400米的飞行高度层间隔由600米改成300米，使之与国际标准基本接轨。

▲ 8月28日 我国第一个空港国际物流区在天津滨海国际机场举行奠基仪式，标志着我国航空港国际物流的发展步入了一个全新的阶段。

▲ 8月30日 中国与伊朗两国政府《民用航空运输协定》在北京签订。

▲ 8月 亚洲首架奖状X型B-7021飞机交付中国民航使用。

▲ 9月25日 美国"9·11"恐怖袭击发生后，国际航空险承保人向投保人发出通知，增加附加保费，降低赔偿限额，致使该限额无法满足航空公司的正常飞行需要。为此，中国政府决定出资援助国内航空公司。

▲ 9月25日—10月5日 在加拿大蒙特利尔举行的国际民航组织第33届大会上，中国民航以147票再次当选二类理事国。

▲ 9月 民航总局下发《关于查处、取缔违法通用航空飞行活动的紧急通知》。

▲ 10月3日 中国航空器材进出口总公司与波音公司签署了订购30架波音737飞机的协议。

▲ 10月12日 由台湾全部6家航空公司负责人组成的"两岸空运直航访问团"拜会了中国民航协会海峡两岸航空运输交流委员会，并受到了鲍培德副局长的接见。

▲ 10月24日 中国北方航空公司接收引进第一架空客321飞机。

▲ 10月31日 民航总局发布《民用航空物资设备招标投标管理规定》，自2001年12月1日起施行。

▲ 10月 经民航总局批准，深圳黄田机场更名为宝安机场。

▲ 11月9日 中国与巴西两国政府签署了《中国和巴西民用航空安全技术合作谅解备忘录》。

▲ 11月20日 云南航空公司接收首架CRJ200支线客机。

▲ 11月22日 北京首都国际机场通过世界卫生组织验收，成为亚洲第二家通过世界卫生组织确认的国际卫生机场。

▲ 11月28日 民航总局在昆明宣布云南民航分立重组，新的民航云南省局、云南航空公司和

民航昆明空管中心正式成立。

▲ 12月26日 民航总局决定,每年1月1日至3月10日和7月1日至9月15日寒、暑假期间,对乘坐国内航班(包含国际航班国内段)的师生实行长期优惠政策,教师优惠25%,学生优惠40%。

▲ 12月28日 杭州萧山机场首航。

2002年

▲ 1月1日 北京时间零时起,各民用航空机场正式启用修改后的《国际航空气象电码》。

▲ 2月3日 山东航空公司彩虹公务机有限公司正式成立。

▲ 2月7日 国务院批准中国民航总局组建空中人民警察队伍。

▲ 3月3日 国务院《关于印发民航体制改革方案的通知》同意国家计委会同有关部门和单位研究提出《民航体制改革方案》。

▲ 3月12日 中国民航首度使用白皮书。
同日 山东航空集团公司正式成立。

▲ 3月15日 24家航空公司组成旅客维权网以保护航空旅客的合法权益。

▲ 3月16日 西安飞机公司(集团)有限责任公司、武汉航空公司与深圳金融租赁公司签订购买及租赁3架新舟60飞机合同和5架意向协议,这是我国首次通过租赁方式销售国产飞机。

▲ 3月20日 经民航总局批准,第二批民用机场高度表拨正程序和过渡高度层改革开始实施。

▲ 3月下旬 上海与台湾民航部门互通航行通告。

▲ 4月9日 通用航空专家委员会成立。

▲ 5月10日 天津经济技术开发区滨海通用机场落成开航。

▲ 5月16日 杨元元任中国民用航空总局党委书记。

▲ 5月21日 杨元元任中国民用航空总局局长。

▲ 6月1日 民航总局、外贸部联名发布《外

商投资民航业的政策规定》。

同日 《中国民航航空人员医学标准和体检合格证管理规则》开始实施。

▲ 6月21日 由民航总局、外经贸部、国家计委以民航总局第110号令公布《外商投资民用航空业规定》,自8月1日起施行。

▲ 7月11日 哈尔滨飞机公司的H4110A直升机获得中国民航总局颁发的型号合格证。

▲ 7月12日 国内首支武警反劫机中队在上海成立。

▲ 7月中旬 我国第一台行李自动处理系统在贵阳龙洞堡机场投入试运行。

▲ 8月1日 中国军航、民航开始实施统一的《飞行间隔规定》。

▲ 8月7日 民航总局与上海市政府共同决定:将虹桥机场定位为国内机场,保留部分国际机场备降的功能,浦东机场定位为国际机场,并从2002年10月28日开始实施。

▲ 8月16日 中国国际航空公司使用波音737飞机成功跨越北极,圆满完成北京—纽约航班的极地飞行验证任务。

▲ 8月18日 中国东方航空武汉有限责任公司成立。

▲ 8月29日 四川航空股份有限公司成立。同时,四川航空集团公司成立。

▲ 10月1日 中国民航总局与中国环保总局联合发布并正式实施《环境影响评价技术导则——民用机场建设工程》,这是民航总局首次发布关于机场建设工程中环境保护方面的标准。

▲ 10月11日 中国航空集团公司、中国东方航空集团公司、中国南方航空集团公司三大航空运输集团和中国民航信息集团公司、中国航空油料集团公司、中国航空器材进出口集团公司三大航空服务保障集团在北京宣告成立,标志着中国民航企业联合重组和行政管理体制改革进入新阶段。

▲ 11月4日 民航总局发出《关于国内航线联营问题的通知》,决定取消国内航线联营。

▲ 11月6日 民航总局适航司向国产运-8 F400型飞机和16G飞机座椅颁发了型号合格证和TSOA证。

▲ 11月18日 中国和卢森堡两国政府《民

用航空运输协定》在北京签订。

▲ 11月20日　民航总局印发《山东、湖南、青海三省民航行政管理和机场管理体制改革试点实施方案》，全面启动民航省（区、市）行政管理和机场管理体制改革试点工作。

▲ 11月22日　民航总局副局长高宏峰在北京会见台湾"台商发展协会理事会"理事长章孝严先生及台湾航空公司的代表，就春节期间两岸包机问题进行洽谈。

▲ 11月28—29日　民航总局党委首次提出在本世纪头20年实现从民航大国到民航强国历史性跨越的民航行业发展战略。

▲ 12月4日　民航总局批准通过《中国民用航空专机工作细则》，于2003年2月1日正式实施。

▲ 12月23日　民航总局颁发直-11型直升机的民用生产许可证。

2003年

▲ 1月1日　重新修订的《民用航空机场特殊天气报告标准与规定》（民航空发〔2002〕168号）正式实施。

▲ 1月10日　国务院总理朱镕基、中央军委主席江泽民签署命令批准颁发《通用航空飞行管制条例》，该条例自2003年5月1日施行。这是我国民航首次颁布此类条例。

▲ 1月14日　民航总局下发《关于恢复民航地区管理局通用航空企业审批权限的通知》（民航运发〔2003〕9号），从4月开始恢复民航地区管理局乙、丙类通用航空企业审批等权限，并增加有关职责。

▲ 1月26日　执行台商春节包机首航任务的台湾"中华航空公司"的波音747-400大型客机降落在上海浦东机场，成为53年来首架降落祖国大陆的台湾民航客机。

▲ 2月11日　由国际民航组织发起的中国、韩国、蒙古和朝鲜四国参加的北亚地区运行安全及持续适航合作组织成立。

▲ 3月4日　民航总局印发了《中国民用航空地区行政机构改革实施方案》和相关配套文件。

同日　中国和埃塞俄比亚两国政府《航空运输协定》在北京签订。

▲ 3月28日　中国民用航空湖南省安全监督管理办公室挂牌成立。

▲ 4月1日　即日起，新加坡货运航空公司开辟新加坡经我国澳门、南京至美国芝加哥的航线，并在厦门、南京拥有上下国际货物的权利。这是中国政府首次向外国航空公司开放货运输第五航权。

▲ 4月2日　中国和冰岛两国政府《航空运输协定》在雷克雅未克签订。

▲ 4月8日　民航总局成立非典型肺炎预防控制工作领导小组，全面布置了民航系统防控非典型肺炎工作。4月21日，民航总局就民航系统进一步做好非典型肺炎防治工作发出特急通知。

▲ 4月15日　民航总局、公安部、人事部、财政部联合下发《中国民航空中警察组建方案》。6月17日，组建工作全面启动。

▲ 4月18日　民航总局下发《关于印发〈民航总局机关有关部门主要职责〉的通知》和《关于印发〈民航总局机关各部门人员编制、司局级领导职数和内设处级机构方案〉的通知》。

▲ 6月19日　青海民用机场有限责任公司、民航青海安全监督管理办公室同时挂牌运转。

▲ 7月7日　民航总局党委研究通过《关于特聘技术专家和中青年技术带头人选拔管理办法》，决定每年在民航重点专业技术领域选拔30名特聘专家、100名青年技术带头人予以重点扶持和培养，以组建民航专家队伍。

▲ 7月15日　民航国内航空运输价格改革方案听证会在北京举行。

▲ 7月28日　民航总局向重组合并后的中国国际航空公司颁发了运行合格证书和运行规范。

▲ 8月19日　中国与尼泊尔两国政府《航空运输协定》在北京签订。

▲ 8月30日　民航总局和公安部联合印发了《民用机场公安机构改革方案》，确定除首都机场集团公司所属机场（含首都国际机场、天津滨海国际机场）、西藏自治区内机场及中国民航飞行学院所属机场的公安机构外，机场公安机构和民航省（区、市）局公安处随同机场下放，一并移交地方人民政府管理。

▲ 9月1日　北京、上海、广州进近塔台实施英语陆空对话。

▲ 10月30日　北京—上海—广州航路实施雷达管制。

▲ 11月6日　民航总局局长杨元元和新加坡交通部长姚照东为中新机场管理培训学院揭牌。

▲ 11月16日　北京首都国际机场新航站区设计方案确定，来自英国、荷兰组成的机场设计联合体的设计方案中标。

▲ 11月21日　中国民用航空江西安全监督管理办公室、江西机场集团公司正式挂牌成立。

▲ 11月22日　中国民用航空山东安全监督管理办公室、济南国际机场股份有限公司正式挂牌成立。

▲ 11月25日　中国民用航空安徽安全监督管理办公室、安徽机场管理有限责任公司正式挂牌成立。

▲ 11月26日　中国民用航空重庆安全监督管理办公室、重庆机场（集团）公司正式挂牌成立。

同日　中国民用航空江苏安全监督管理办公室正式挂牌成立。

▲ 11月28日　中国民用航空吉林安全监督管理办公室、吉林省民航机场（集团）公司正式挂牌成立。

▲ 12月12日　中国国际货运航空有限公司在北京挂牌。

▲ 12月17日　国务院总理温家宝乘中国民航2472号专机出访时对民航工作作重要题词："深化民航体制改革，建设一支过得硬的高素质民航队伍。为此要严格管理，严明制度，严肃纪律，切实做到安全第一，提高服务质量，提高经济和社会效益，民航的改革和发展大有可为。"

▲ 12月18日　陕西省机场管理集团公司正式挂牌成立。

同日　中国民用航空黑龙江安全监督管理办公室、黑龙江省机场管理集团有限公司正式挂牌成立。

▲ 12月19日　中国民用航空内蒙古自治区安全监督管理办公室、内蒙古自治区机场（集团）有限责任公司正式挂牌成立。

▲ 12月20日　中国民用航空山西安全监督管理办公室、山西机场（集团）有限责任公司正式挂牌成立。

▲ 12月26日　中国民用航空广西安全监督管理办公室、广西机场管理集团有限责任公司正式挂牌成立。

▲ 12月28日　中国民用航空浙江安全监督管理办公室正式挂牌成立。

▲ 12月29日　中国民用航空河南安全监督管理办公室、河南省机场管理公司正式挂牌成立。

▲ 12月30日　中国民用航空辽宁安全监督管理办公室、辽宁省机场管理集团公司正式挂牌成立。

同日　中国民用航空河北安全监督管理办公室、河北省机场管理集团公司正式挂牌成立。

同日　中国民用航空贵州安全监督管理办公室、贵州机场集团有限公司正式挂牌成立。

同日　中国民用航空福建安全监督管理办公室正式挂牌成立。

▲ 同年　中国与埃塞俄比亚、冰岛、尼泊尔政府《航空运输协定》正式签订。

2004年

▲ 1月1日　中国民航空中警察上岗执勤。

同日　商务部允许港澳服务企业在内地以合资、合作、独资的形式设立国际货运代理企业。

▲ 1月12日　中国和泰国签署全面开放两国国际航空运输市场的协议。

▲ 1月14日　中国民航总局发布《一般运行和飞行规则》，自6月1日起施行。1990年5月26日发布的《中国民用航空飞行规则》同时废止。

▲ 1月19日　东航首次开通上海（浦东）—塞班包机。

▲ 2月20日　南航股份公司"运行管理与控制研究与运用"课题获得国家科学技术进步二等奖。

▲ 2月25日　广东省机场管理集团有限公司正式成立。

▲ 2月26日　中国民航总局与美国联邦航空总局在北京就进一步加强中美民用航空领域在安全、效率和能力方面的合作签署协议。

▲ 2月28日　湖北机场集团公司挂牌成立。

▲ 3月5日　天津民航安全监督管理办公室成立。

同日　民航总局下发《民航总局关于进一步加强民航空管工作有关问题的意见》。

▲ 3月12日　桂林两江国际机场公司、南宁吴圩国际机场公司、北海机场公司、柳州机场公司正式成立。

▲ 3月16日　经民航总局批准，由首都机场集团公司投资组建的民航机场管理有限公司在京正式成立。

▲ 3月18日　民航总局、国家发改委联合下发《中国民用航空总局、国家发展改革委员会关于国内航空运价管理有关问题的通知》，配合《民航国内航空运输价格改革方案》的实施就有关问题进行了说明。

▲ 3月23日　中国和澳大利亚两国政府《民用航空运输协定》在堪培拉正式签订。

▲ 3月29日　四川省机场集团有限公司挂牌成立。

▲ 4月7日　中国民航总局和香港特别行政区民航处在京共同签署《航空器事故调查和搜寻救援合作安排》协议。

同日　中国民航总局和美国贸易发展署在京签署《航空合作项目备忘录》。

▲ 4月9日　南航在广州与空客公司签订协议，购买21架空客飞机，其中包括15架A320和6架A319。

▲ 4月12日　民航宁夏安全监督管理办公室和宁夏民用机场集团有限公司挂牌成立。

▲ 4月13日　天津市政府与民航总局签署了《关于天津机场建设与发展问题会谈纪要》。

▲ 4月16日　民航新疆管理局、民航新疆管理局空管局、新疆机场集团有限责任公司挂牌成立。

▲ 4月20日　《民航国内航空运输价格改革方案》正式实施。

▲ 4月26日　民航总局与云南省政府共同签署了《关于云南省民航机场移交书》，标志着云南省10个民航机场的属地化改革工作圆满结束。

▲ 6月1日　民航总局第120号令《一般运行和飞行规则》，即CCAR-91部开始实施，使通用航空飞行从此有法可依。

▲ 6月28日　中国与阿根廷两国政府《航空运输协定》和《谅解备忘录》在北京签订。

▲ 7月7日　奥凯航空有限公司经国家民航总局批准成立。

▲ 7月8日　民航总局正式将兰州、敦煌、嘉峪关、庆阳四个机场移交甘肃省人民政府管理，民航机场属地化管理画上句号。这标志着国务院2002年6号文件规定的民航新一轮体制改革各项任务完成。

▲ 7月24日　中国与美国两国政府《民航运输协定》在北京正式签订。同时，中美两国的航空部门正式签署了为期6年的《中美扩展航空服务协议》。

▲ 7月28日　民航总局下发《关于维护民用航空秩序保障航班正常运行的通知》。11月14日，民航总局与公安部联合发布该通告。

▲ 8月4日　中国国际航空公司成为北京2008年奥运会航空客运合作伙伴。

▲ 8月5日　广州新白云国际机场正式启用。

▲ 8月6日　中国与塞舌尔两国政府《航空运输协定》在北京草签。

▲ 8月8日　中国国际航空公司西藏分公司在拉萨成立。

▲ 8月21日　南方航空和天合联盟（Skyteam）签署加入天合联盟的谅解备忘录。

▲ 8月23日　民航总局发布《外国公共航空运输承运人运行合格审定规则》（编号CCAR-129），自2005年1月1日起执行。

▲ 9月1日　中国BSP国内电子客票正式实施。

▲ 10月2日　在国际民用航空组织第35届大会上，中国以150票的高票数首次当选为该组织一类理事国。

▲ 10月9日　东航在北京与空客公司签署协议，购买20架空客330-300飞机。

▲ 10月28日　成都双流国际机场股份有限公司正式挂牌成立。

▲ 11月8日　中国石油、中国石化、中国航油联合设立中国航空油料有限责任公司。

▲ 11月17日　民航总局和澳门特别行政区民航局两地航空运输备忘录在澳门签订。

▲ 11月23日 《外国公共航空运输承运人审定及监督程序手册》发布。

▲ 11月26日 民航华东地区管理局向扬子江快运航空有限公司颁发航空承运人运行合格证。

▲ 12月12日 中国民航总局发布《中国民用航空统计管理办法》。

▲ 同年 我国与澳大利亚、阿根廷、墨西哥正式签署《航空运输协定》。

2005年

▲ 1月24日 民航总局、商务部和国家发改委共同发布民航总局第139号令《〈外商投资民用航空业规定〉的补充规定》（CCAR-201LR-R2），自2月24日起施行。

▲ 1月29日 在美国华盛顿和法国巴黎，中国代表团分别签下了共60架飞机的购机协议。

同日 中国南方航空股份有限公司与空中客车公司签署订购5架空客380飞机的框架协议。

▲ 1月29日—2月20日 祖国大陆民航飞机与台湾民航飞机首次双向对飞。

▲ 2月1日 由中国和巴西合作生产的第6架ERJ145支线飞机交付南航使用。

▲ 2月28日 第十届全国人民代表大会第十四次常务委员会批准《统一国际航空运输某些规则的公约》（《1999年蒙特利尔公约》），公约将于7月31日对中国生效。

▲ 3月15日 通过考试的5名藏族飞行学员被国航西南分公司正式接收为飞行员，这是国内航空公司接收的首批藏族本科飞行员。

▲ 3月21日 南航宣布将以租赁方式引进25架空客飞机，其中包括5架A330-200和10架A321。

▲ 4月1日 《航空煤油销售价格改革方案（试行）》开始执行。

▲ 4月14日 中国民航总局宣布已与印度民航部签署《关于扩大中印两国间航空运输安排的谅解备忘录》。

同日 民航总局下发《民航航班时刻管理试行办法》，对民航航班时刻管理办法进行改革。

▲ 4月15日 杭州萧山国际机场有限公司与香港机场管理局签署合资协议，杭州萧山国际机场成为中国内地首个整体合资的民用机场。

▲ 4月18日 中国和加拿大两国政府《新航空运输协定》在北京草签。

▲ 4月21日 中国三家航空公司在北京签署协议，共购买30架空客飞机。

▲ 5月18日 中国民航华东地区管理局向美国西北航空公司颁发了CCAR-129部运行规范。

▲ 5月27日 中国和西班牙两国政府签署了《关于促进中西两国航空运输发展谅解备忘录》。

▲ 6月1日 《大型飞机公共航空运输承运人运行合格审定规则》（CCAR-121部）第二次修订施行。

▲ 6月31日 《国家处置民用航空器飞行事故应急预案》和《国家处置劫机事故应急预案》发布实施。

▲ 7月1日 自即日起，海关实行旅客申报制度改革，要求从空港进出境的旅客一律填写《中华人民共和国海关进出境旅客行李物品申报单》，向海关申报。

▲ 7月11日 民航总局印发《中国民航2008年北京奥运行动计划》。

▲ 7月21日 中国国际航空公司、中国航空器材进出口集团公司与空客公司签署协议购买20架A330-200飞机。

▲ 7月29日 中国民航总局批准设立中国联合航空有限公司。

▲ 7月31日 《统一国际航空运输某些规则的公约》（简称《蒙特利尔公约》）对中华人民共和国生效。

▲ 8月15日 《国内投资民用航空业规定（试行）》正式施行。该规定放宽了民航业的投资准入及投资范围。

▲ 9月26日 中国航空运输协会在北京正式成立。

同日 民航总局成立突发事件应急工作领导小组及办公室。

▲ 10月7日 《民用航空器飞行事故应急反应和家属援助规定》发布实施。

▲ 10月16日 民航总局与天津市政府共建

"民航科技产业化基地"签字仪式在天津举行。

▲ 10月18—23日 中国和美国两国政府签署了中美双边航空安全协定、中美航空合作项目的协议。

▲ 11月8日 安徽民航机场集团有限公司成立挂牌。

▲ 11月20日 中国航空器材进出口集团公司与波音公司签订购买70架B737-700和B737-800的框架协议。

▲ 11月26日 民航总局下发《民航总局关于促进支线航空运输发展的若干意见》。

▲ 11月27日 东星航空公司分别与空客和美国通用金融租赁公司（GECAS）签署协议，意向购买10架及租赁10架空客320系列飞机。

▲ 12月5日 中国航空器材进出口集团公司与空客公司签订150架A320系列飞机的框架协议。

▲ 12月6日 由全国40个干线机场和旅游城市机场共同合作建立的"民航运输机场应急救护协作网"正式开始运行。

▲ 12月7日 民航总局与新疆维吾尔自治区人民政府在乌鲁木齐签署了《关于加快新疆民航发展的会谈纪要》。

▲ 12月12日 中国和秘鲁两国《关于修改双边航空运输协定及扩大两国航空运输安排的谅解备忘录》在北京签订。

▲ 12月19日 内蒙古自治区政府与首都机场集团公司签订《内蒙古民航机场集团托管协议》。

▲ 12月 民航总局在北京与俄罗斯民航局举行双边会谈，签署谅解备忘录。

▲ 同年 我国航空运输总周转量世界排名由第三位上升至第二位。我国与加拿大、肯尼亚正式签署《航空运输协定》。2005年《新一代空中交通服务平台、关键技术及其应用》获得国家科学技术进步一等奖，《机场行李自动分检系统》获得国家科学技术进步二等奖。

2006年

▲ 1月16日 民航总局局长杨元元签署《中国民用航空国内航线经营许可规定》（民航总局令第160号），自2006年3月20日起施行。

同日 中国民航空警总队和国航股份公司在北京为民航空警总队一支队暨国航空中保卫支队举行正式成立挂牌仪式。

▲ 1月18日 民航总局局长杨元元与内蒙古自治区主席杨晶签署了《关于加快内蒙古民航发展的会谈纪要》。

▲ 1月20日至2月7日 2006年两岸春节包机进一步实现了"增开厦门航点"、"扩大旅客范围"和"大陆先遣人员赴台"等新突破。海峡两岸12家航空公司在北京、上海、广州、厦门至台北、高雄间共飞行了72班往返包机。

▲ 2月8日 内蒙古民航机场集团公司与二连浩特市政府签订委托管理协议，开始受托管理二连浩特机场。

▲ 2月21日 中国飞龙专业航空公司首家荣获CCAR-135部运行合格证。

▲ 2月28日 中国民航总局发布《国内航空运输承运人赔偿责任限额规定》，3月28日起正式施行。

▲ 3月6日 国家民政部批准成立中国民航科普基金会。

▲ 3月7日 中国与阿富汗伊斯兰共和国举行双边航空会谈，就航线表、运力额度、第五航权和包机飞行等事宜达成谅解备忘录。

▲ 3月20日 《中国民用航空国内航线航班经营许可规定》施行。

▲ 3月21日 民航总局印发《关于深化民航改革的指导意见》。

▲ 3月28日 陕西省机场管理集团公司和青海省民用机场有限公司联合重组协议签字仪式在西宁举行。7月24日，陕西省机场管理集团公司更名为陕西机场管理集团公司，其下辖西安、银川、榆林、延安、汉中、安康、西宁、格尔木8个机场。

▲ 3月29日 经国务院学位委员会终审批准，我国第一个飞行硕士学位授予点在中国民用航空飞行学院诞生。

▲ 3月31日 中国航空运输协会在北京宣布《中国民用航空运输销售代理资格认可办法》正式实施。

▲ 4月15日 民航总局空管局印发《民用航空飞行气象情报发布与交换办法》开始施行。

▲ 4月18日 民航总局和美国联邦空管局《关于在进出对方国境的本国航班上部署空中警察并开展相关合作的谅解备忘录》正式签订。

▲ 4月25日 新疆通用航空有限责任公司获得民航总局颁发的 CCAR-91 部运行合格证。

▲ 4月28日 首都机场集团公司与黑龙江省国资委签署协议，正式托管整合黑龙江省机场管理集团有限公司。

▲ 5月22日 中国和坦桑尼亚两国政府《航空运输谅解备忘录》在北京签订。

同日 中国国际航空股份有限公司与星空联盟在北京签署了国航加入星空联盟的谅解备忘录。

▲ 5月24日 中国民航安全学院在北京正式挂牌成立。

▲ 5月25日 民航华东地区管理局向长城航空有限公司颁发航空承运人运营合格证和运行规范。

同日 中国民航总局为上海国际货运航空有限公司颁发公共航空运输企业经营许可证。

▲ 5月30日 教育部正式批准同意中国民用航空学院更名为中国民航大学，8月26日揭牌。

同日 中国东方航空公司4架大型运输飞机承载着1036名灭火官兵和数十吨设备，执行了从大西南到大东北的紧急运兵任务，这是建国以来首次大规模武警森林部队的南兵北调。

▲ 6月1日 全国试行由国家税务总局统一监制的航空运输电子客票行程单作为旅客购买电子客票的付款、报销凭证。

▲ 6月8日 国家发展和改革委员会、空中客车公司联合发布，空客320系列飞机中国总装生产线选址天津。

▲ 6月14日 两岸客运包机节日化框架性安排正式实施。

▲ 6月27日 民航华东地区管理局向上海国际货运航空有限公司颁发了航空承运人运行合格证。

▲ 6月30日 民航华北地区管理局向中国国际货运航空公司颁发了公共航空运输承运人运行合格证和运行规范合格证，国货航成为独立航空运输承运人。

▲ 7月3日 民航总局局长杨元元与西藏自治区人民政府主席向巴平措签署了《关于加快西藏民航发展的会谈纪要》。

▲ 7月20日 台湾中华航空公司一架编号为18707的波音747-400全货机安全降落上海浦东国际机场，揭开了两岸不经第三地中转的专案货运包机业务新篇章。

▲ 7月24日 ARJ21-700飞机型号审定审查组现场办公室在上海正式启动。

同日 首都机场集团公司正式并购江西景德镇机场。

▲ 7月28日 民航总局向中国货运邮政航空有限责任公司颁发国际运行暨 CCAR-121-R2 合格审定证书。

▲ 8月25日 民航总局正式向金鹿公务机公司颁发了公共承运人运营执照，批准其更名为金鹿航空有限公司。

▲ 9月1日 西藏林芝机场顺利通航。

▲ 9月4日 中国和希腊政府推进中希航空运输的谅解备忘录在北京签订。

▲ 9月29日 台湾长荣航空公司 BR712 航班载着306名旅客从台北飞抵上海浦东国际机场，顺利完成了2006年两岸中秋包机首航。

▲ 10月11日 经民政部批准，中国民用机场协会正式成立。

▲ 10月19日 民航总局和湖北省政府共同签署了《中国民用航空总局、湖北省人民政府关于加快湖北民航事业发展的合作备忘录》，审议通过了《武汉实施民航运输综合改革试点工作方案》。

▲ 10月23日 中国航空器材进出口集团公司、荷兰埃尔凯普飞机租赁公司及法国东方汇理银行三方正式宣布共同投资成立经营性飞机租赁公司，启动中国飞机租赁公司合资项目。

▲ 11月22日 民航总局与欧洲航空安全局签署了与空客公司合作项目的谅解备忘录，为空客320飞机天津总装线提供适航支持环境。

▲ 11月29日 民航总局与安徽省政府签署了《关于加快安徽民航发展会谈纪要》。

▲ 12月10日 国航 CA907 航班从北京起飞，经停西班牙首都马德里至巴西圣保罗，这是中国与南美之间开辟的第一条空中航线。

▲ 同年 我国与缅甸、阿富汗、阿尔及利亚

正式签署《航空运输协定》。

2007年

▲ 1月15日 中国与塔吉克斯坦两国政府《民用航空运输协定》正式签订。

▲ 2月14日 中国民航总局制定的《通用航空经营许可管理规定》正式实施。

▲ 2月27日 民航二所研制的"机场生产运营指挥高度系统"荣获2006年国家科技进步二等奖。

▲ 3月17日 民航总局下发《关于限制携带液态物品乘坐民航飞机的公告》，于5月1日起施行。

▲ 3月22日 中国和澳大利亚签署《关于开展航空保安合作的谅解备忘录》。

▲ 3月28日 中国民用航空上海航空器适航审定中心成立。

▲ 4月20日 中国民航维修协会正式在北京挂牌成立。

▲ 4月23日 新西兰和中国航空服务协议修正案正式生效，两国航空公司将被允许签订商业代码共享协议。

▲ 4月25日 民航总局和广西壮族自治区人民政府在南宁共同签署了《关于加快广西民航发展的会谈纪要》。

▲ 5月9—10日 以"全球民航业的和谐与发展"为主题的2007年中国民航发展论坛在北京举行。中国民用航空总局发表了《中国发展新一代民用航空运输系统的愿景》的主旨演讲。

▲ 5月29日 南航宣布首次招收自费飞行学员，这是对航空公司传统的招飞模式的变革。

同日 奥运安保机场工作部在北京成立。

▲ 6月2日 中国民用航空总局与美国联邦航空局签署了《中国民用航空总局与美国运输部联邦航空局会谈纪要》。

▲ 6月6日 北京首都国际机场新专机楼正式启用。

▲ 6月12日 两岸端午节包机首航。

同日 北京首都机场集团公司与香港机场管理局签署《3号航站楼接收项目合作备忘录》，标志着京港机场合作正式展开。

▲ 6月14日 由民航总局制定的《中国民用航空总局规章制定程序规定》即日起施行。

▲ 6月17日 西部机场集团与甘肃省天水市签订了天水机场项目合作协议，西部机场集团成为管辖陕、甘、宁、青四省（区）12个民用机场的大型国有民航企业。

▲ 6月22日 新华航空控股有限公司获颁运行合格证。

▲ 7月4日 民航总局下发《关于调控航班总量、航空运输市场准入和运力增长的通知》。

▲ 7月10日 中国和美国两国政府《民用航空运输协定》在西雅图正式签订。

▲ 7月23日 中国与沙特两国政府《民用航空运输协定》正式签订。

▲ 7月28日 呼和浩特白塔机场新航站楼投入使用，同时更名为呼和浩特白塔国际机场。

▲ 8月6日 由国航、东航、上航、南航、海航5家航空公司共同实施的"京沪空中快线"开飞。

▲ 9月10日 中国民用航空总局与江西省政府就加快江西省机场建设和航空运输业发展有关问题进行会谈并签署纪要。

▲ 9月18日 国际民航组织第32次缩小垂直间隔工作组会议在北京召开，会议决定同意中国民航于当年11月22日实施缩小垂直间隔。

▲ 9月22日 在加拿大蒙特利尔举行的国际民航组织第36届大会上，中国以历史上最高票连任国际民航组织一类理事国。

▲ 9月28日 民航总局与江苏省人民政府在无锡签署了《关于加快江苏民航发展的会谈纪要》。

▲ 10月22日 第44届国际民航组织亚太地区民航局长会议在西安举行。

▲ 10月27日 甘肃天水军民合用机场举行首航开通仪式。

▲ 11月15日 南航正式加入天合联盟，成为中国内地首家加入国际航空联盟的航空公司。

▲ 11月22日 从即日零时起，在我国8400米以上、12500米以下的空域实施缩小飞行高度层垂直间隔，飞机的巡航高度层将由过去的7个增加到

13个。

▲ 11月28日 民航总局宣布为银河航空颁发公共航空运输企业经营许可证。

同日 民航总局为纪念周恩来总理对中国民航重要批示50周年座谈会在北京人民大会堂举行。

▲ 11月29日 海航集团宣布大新华航空公司正式成立并投入运营。

▲ 12月27日 李家祥任中国民用航空总局副局长、代局长兼党委书记。

▲ 12月29日 中国民用航空沈阳航空器适航审定中心在沈阳成立。

2008年

▲ 1月27日 《全国民用机场布局规划》获得国务院批准。

▲ 1月30日 东方航空公司与波音公司在上海签订协议，购买30架波音737NG系列飞机。

▲ 1月10日—2月4日 南方冰冻灾害，民航安排610班疏散因冰雪害受阻的旅客、8架次货包机运送50吨除冰液等物资。

▲ 2月8日 民航总局印发《关于加强国家航空运输体系建设的若干意见》，对国家航空运输体系建设目标、原则、具体措施等进行了明确的规定。

▲ 2月29日 作为奥运重点工程之一的北京首都国际机场3号航站楼建设正式投入使用。

▲ 2月 中国大陆的国航、东航、南航、海航、上航、厦航和台湾的华航、长荣、远东、复兴、华信、立荣12家航空公司实施两岸春节包机。

▲ 3月1日 《民用机场收费改革方案》和《民用机场收费改革实施方案》经民航总局、国家发展改革委员会批准，自即日起执行。

▲ 3月11日 十一届全国人大一次会议审议通过了《国务院机构改革方案》将交通部、中国民用航空总局的职责，建设部的指导城市客运职责，整合划入交通运输部。同时，组建国家民航局，由交通运输部管理。不再保留交通部、中国民用航空总局。

▲ 3月18日 李家祥任交通运输部党组副书记、副部长兼民航局局长、党组书记（正部长级）。

▲ 3月21日 国务院《关于部委管理的国家局设置的通知》指出：中国民用航空局由交通运输部管理。

▲ 3月26日 上海浦东国际机场第二航站楼和第三跑道正式启用。

▲ 4月7日 即日起禁止旅客随身携带打火机、火柴乘坐民航飞机。

▲ 4月1日—5月3日 奥运火炬境外传递航空运输保障共历时33天，飞行97000公里，共飞越48个国家和地区，降落25个境外城市，飞行了27个航段，共计安全飞行145小时。此次包机创中国民航多项纪录。

▲ 5月—7月 中国民航在四川汶川特大地震抗震救灾中，从5月12日至31日协调安排专门包机255班；运送人员21993人；运送物资5505吨。国际救援物资方面，截至7月1日批复17个国家和组织的26家外国航空公司货运包机65班，承运救援物资492吨；批复国内公司国际包机16班，承运救灾物资流1405吨；协调国内航空公司转运24个国家的救灾物资（这些物资主要通过68个国际航班运抵我国）由北京、上海及广州等地及时转运到成都，共约705吨。

▲ 6月17日 中国与朝鲜《政府航空运输协定》在平壤重新签订。

▲ 6月18日 漠河机场正式通航。

▲ 6月26日 民航局发出通知，要求全行业各单位认真学习、贯彻落实胡锦涛总书记考察北京奥运会交通设施、专程视察首都国际机场T3扩建工程并对民航工作重要指示精神。25日，胡总书记指出："看到新航站楼建筑恢宏大气，服务设施完备，管理运行有序，我们深感自豪。首都国际机场是'中国第一国门'，北京奥运期间将承担为各国奥运健儿和宾客提供首站服务的光荣使命。从这个意义上说，你们的形象代表着国家的形象，你们的服务水平体现着北京奥运会的服务水平。希望同志们坚持以旅客为中心，进一步提高服务质量，进一步落实安保措施，以实际行动为北京奥运会作出贡献。"

▲ 6月27日 国航宣布向空客购买20架A330系列飞机。

▲ 7月1日　8时（北京时间）起，民航北京、上海、广州区域和终端范围内在原有基础上进一步缩小间隔标准区域范围内为10公里，进近范围为6公里。

▲ 8月13日　乌海市政府将乌海机场的经营管理权移交给内蒙古民航机场集团有限公司。

▲ 8月—9月　在北京召开奥运会和残奥会期间，中国民航共保障涉奥飞行9278架次，保障人员抵离131629人；保障国际贵宾1395批，共计9286人，包括总统、总理等100余位注册国际贵宾。在13天内保障了火炬包机飞越48个国家和地区，降落25个境外城市、53个境内城市，飞行了59个航段，还保障了运行团队境内转场33个航班。为残奥会火炬传递保障火炬团队转场13个航班。奥运会和残奥会火炬传递航空运输总里程达25万公里。

▲ 10月7日　中国首家以大型客机和支线飞机为主要服务内容的上海飞机客户服务有限公司成立。

▲ 10月10日　民航局局长、党组书记李家祥在《人民日报》第七版发表《安全发展是实践科学发展观的必然要求》，提出民航"持续安全理念"。

▲ 10月19日　奥凯航空引进的国产新舟60涡桨飞机成功首航。

▲ 10月22日　康定机场正式通航。

▲ 10月26日　中国民航的MD-82飞机正式告别中国市场。

▲ 10月28日　第十一届全国人民代表大会常务委员会第五次会议审议批准《移动设备国际利益公约》和《关于航空器设备特定问题的议定书》在我国生效。

▲ 11月12日　成都至拉萨夜航航班首飞成功，拉萨机场结束了43年无夜航的历史。

▲ 12月15日　海峡两岸空中双向直达航路正式开通。

2009年

▲ 1月6日　全国民航工作会议在北京召开。民航局局长李家祥在会议上强调《树立持续安全理念，促进行业安全发展》的工作报告。中共中央政治委员、国务院副总理张德江出席会议，并发表了重要讲话。民航局副局长杨国庆作了题为《深入贯彻落实科学发展观，实现民航平稳较快发展》的工作报告。民航局副局长李健作了题为《树立持续安全理念，严格落实安全责任，继续发展平稳较好的航空安全形势》的报告。

▲ 2月16日　云南腾冲机场正式通航。

▲ 3月2日　国务院办公厅下发《关于印发中国民用航空局重要职责、内设机构和人员编制规定的通知》，根据《关于部委管理的国家局设置的通知》，设立中国民用航空局（副部级），为交通运输部管理的国家局。

▲ 3月16日　中国国际航空股份有限公司台湾办事处在台北市开业。

▲ 3月18日　南航空客330-343/B6098号客机成功完成了拉萨RNP运行验证试飞，标志着中国民航在全世界首次获得宽体机RNP运行的能力。

▲ 4月8日　中国民航大学法学院成立。

▲ 4月13日　国务院总理温家宝签署了第553号国务院令，公布了《民用机场管理条例》，将于2009年7月1日起正式施行。

▲ 4月26日　海峡两岸关系协会与台湾海峡交流基金会在南京签署了《海峡两岸空运补充协议》。

▲ 4月30日　民航局运输司颁发《残疾人航空运输办法（试行）》。

▲ 5月15日　东方航空公司台湾办事处在台北隆重开业。

▲ 5月18日　首架由空中客车（天津）总装有限公司完成总装的空客320飞机在天津滨海机场测试飞行成功。

▲ 5月22日　中国商飞适航工程中心在上海正式挂牌成立。

▲ 5月26日　中国民航大学通用航空学院在天津正式成立。

▲ 6月8日　民航华北局在天津航空基地向天津航空有限公司颁发航空承运人运行合格证。

▲ 6月16日　民航局正式向幸福航空有限责任公司颁发公共航空运营许可证。

▲ 6月19日　中国民用航空局局长、党组书

记李家祥在《中国民航报》发表《世界民用航空与中国民用航空的发展》的报告。

▲ 6月23日 空中客车天津总装厂首架空客320飞机向四川航空股份有限公司交付仪式在天津举行。

▲ 6月30日 中国民航局和河南省人民政府签订了《关于促进河南省民航发展的会谈纪要》。

▲ 7月29日 民航西北地区管理局向幸福航空有限责任公司颁发了航空承运人运行合格证。

▲ 8月1日 青海玉树巴塘机场正式通航。

▲ 8月13日 中国南方航空公司台湾分公司正式成立。

同日 中国国际航空公司台湾分公司正式成立。

▲ 8月18日 中国国际货运航空公司（简称国货航）装载着海协会调集的40多吨救灾物资从北京首都国际机场起飞到台湾高雄国际机场，这是祖国大陆第一次通过货运包机空运救灾物资到台湾。

▲ 9月1日 大庆萨尔图机场正式开航启用。

同日 中国航空运输协会航空食品委员会在京成立。

▲ 9月3日 民航局副局长夏兴华分别会见正在北京参加中俄运输分委会第13次会议的俄罗斯联邦运输部部长伊格尔·列维京和运输部副部长利亚莫夫·尼·谢一行。双方就加强中俄民航领域的合作交换了意见，并就增加飞越权、扩大两国空运市场准入等问题进行了深入探讨。

▲ 9月13日 首都机场分别与新加坡樟宜国际机场、纽约新泽西州港务局和法国巴黎机场管理公司代表签订了合作备忘录，成为友好机场。

▲ 9月16日 新疆机场集团乌鲁木齐国际机场三期改扩建工程项目通过竣工验收。29日，该项目通过民航局行业验收。

▲ 9月21日 中国民航局与比利时民航局举行了双边民航会谈。双方就修改中比两国政府间航空运输协定的指定条款及航线表等达成了协议。

▲ 10月7—9日 民航局副局长王昌顺率领的中国民航代表团在加拿大蒙特利尔出席了国际民航组织国际航空与气候变化高级别会议。会议最终形成并通过了有利于中国民航的、国际民航组织在即将于哥本哈根举行的联合国气候变化大会上的立场。

▲ 10月12—16日 中国民航局副局长夏兴华率代表团出席了在日本大阪举行的第46届亚太地区民航局长会议。

▲ 10月14日 中国民航局局长李家祥会见了首次来华访问的美国联邦航空局局长兰道夫·巴比特。双方就修订《中国民航局与美国联邦航空局技术合作协议备忘录》一事交换了意见，并就近期中美民航合作项目进行了交流。

▲ 10月15日 中国商飞、川航集团、成都交投集团在成都签署合作协议，三方将对鹰联航空进行重组。

▲ 10月17日 民航局局长李家祥出席2009中国国际通用航空大会并为中国民用航空局通用航空产业试点园区授牌并致辞。

▲ 10月19—21日 中国民用航空局副局长夏兴华和中国人民解放军总参作战部副部长兼国家空管委办公室副主任孟国平率领的中国代表团在蒙特利尔出席了国际民航组织全球军民空管合作论坛。国际民航组织首次在全球范围内召开以此为主题的会议。

附　录

新中国民航成立60周年档案展

2009 年 9 月 28 日至 11 月 10 日， "飞越时空——新中国民航成立 60 周年档案展"在京举办。展览用 215 幅珍贵的历史照片、49 份档案原文及 224 件实物等档案资料，展示了新中国民航 60 周年走过的辉煌历程。该展览由民航局综合司组织，民航局档案馆承办。民航局局长、党组书记李家祥亲自题写了展览主题。9 月 28 日，在京召开了隆重的开幕仪式，李家祥局长，王昌顺、李健副局长为开幕式剪彩。民航在京单位的负责人出席开幕式并参观了展览，《光明日报》、中央广播电台、中国新闻社、《北京青年报》、北京交通台、《中国档案报》《中国档案》杂志、《中国民航报》《中国民航》杂志、《空中生活》杂志、首都机场电台等媒体争相报道了开幕式的盛况。

展览期间，民航各单位参观踊跃，反响强烈，共举办了 18 场的集体参观，参观人数多达 630 余人次。应有关单位要求，该展在上海地区进行了巡展，巡展期间参观人数达 500 余人。

▲ 民航局局长李家祥，副局长王昌顺、李健为档案展开幕式剪彩。

▶ 民航局局长李家祥致辞，李家祥局长表示，通过展览，不仅能飞越时空，重温新中国民航60年来走过的辉煌历程，更能从中汲取无穷的力量，振奋精神，团结一致，为民航事业取得新的辉煌业绩而不懈奋斗。

▶ 民航局局长李家祥，副局长王昌顺、李健参观档案展。

▶ 民航局领导及部分民航在京单位的负责人参观档案展。

▶ 2009年10月20日，原民航局老领导阎志祥、李建玉、张文德同志饶有兴致地参观档案展。

▶ 2009年10月20日，民航局离退休干部参观专场。

▶ 离退休干部们边观看展览边进行交流。

▲ 2009年10月16日，民航清算中心团员青年参观专场。

▶ 2009年10月21日，国家
档案局经济科技指导司领导及
第十二档案协作组成员单位档
案部门负责人在民航局档案馆
领导的陪同下参观档案展。

◀ 2009年10月29日，民航信息中心团员青年参观专场。

◀ 2009年10月29日，民航局机关服务局工作人员参观专场。

◀ 2009年11月2日，中国航空信息集团工作人员参观专场。

▶ 2009年11月5日，民航博物馆工作人员参观专场。

▶ 2009年11月5日，首都机场集团公司团员青年参观专场。

▶ 2009年11月10日，民航华北地区管理局工作人员参观专场。

民航局档案馆介绍

　　民航局档案馆前身为军委民航局办公室档案室，成立于 1953 年 12 月 28 日。1963 年 4 月 13 日在民航总局办公室设立保密档案处，1996 年 10 月 16 日建立民航总局档案馆（办公厅档案处）。

　　截至 2008 年底，馆藏档案共计 18 个全宗，分文书、基建、科研、会计、声像、实物及民航专业图书、期刊、资料等九大类，馆藏总量 10.5 万余卷，其中不乏国家级的珍贵档案文物。

　　近年来，档案馆（处）在民航局领导的关怀及综合司的领导下，努力加强档案规章制度建设、档案信息化建设、机关文件归档及编研开发等工作，使档案利用更加贴近民航事业发展的需要。

　　完整准确地记载民航发展历程，优质快捷地提供利用服务是档案馆肩负的重要职责和奋斗目标，而我们——档案馆的全体人员正在为此而不懈努力着。

▲ 1995年，民航总局办公厅档案处荣获中央国家机关档案工作目标管理"优秀奖牌"。（实物）

▲ 1999年，民航（总）局档案馆荣获"全国档案工作优秀集体"奖牌。（实物）

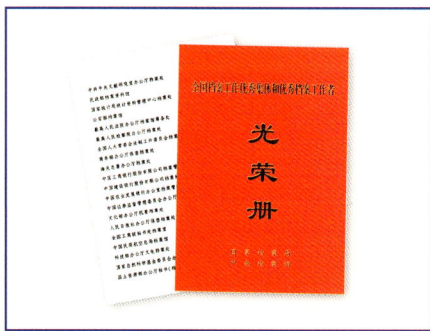

◀ 2007年，民航（总）局档案馆荣获"全国档案工作优秀集体"称号。

▲ 中国民航组织机构沿革档案史料汇编（干部任免、年代演变、组织机构）。

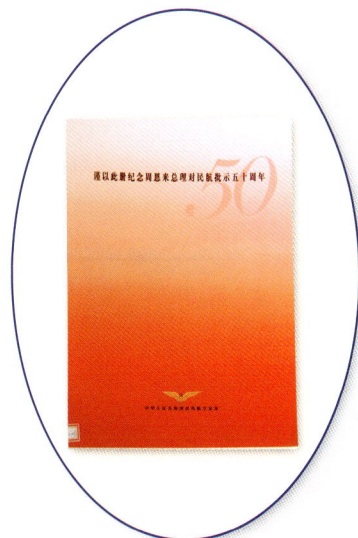

▲《周恩来总理对中国民航批示五十周年纪念册》。

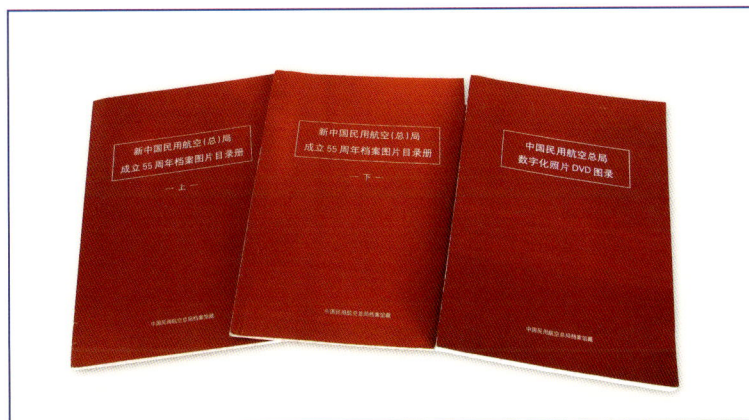

▲《中国民航（总）局档案馆藏珍贵照片图集（1949-2004）》。

后 记

历史是文化与精神的永恒依托，也是薪火传承、继往开来的不竭动力，其厚重曲折的岁月进程中既有激流，也有险滩，留下了许多值得回味的历史印记。往事堪回首，记忆永长存。

本书以民航史实为依据，以历史档案为素材，采用条块结合的模式，宛如一条时空隧道，勾勒出新中国民航的发展轮廓，呈现出沧桑巨变中的恢弘历程，将激发广大民航员工更加热爱民航、宣传民航、建设民航的热情。

由于学识上的不足，书中难免有疏漏和不妥之处，欢迎读者提出宝贵意见。在此，谨致以我们诚挚的感谢。

档案可再现历史、鉴往知来、传承文明、资政育人。让我们不断地从历史档案中汲取智慧和力量，共同携手，书写新中国民航更加美好的历史篇章。

鸣　谢：

民航局政策法规司	民航局公安局
民航局发展计划司	民航局离退休干部局
民航局财务司	民航局空管局
民航局人事科教司	民航局机关服务局
民航局国际司	中国民航工会
民航局运输司	民航华北地区管理局
民航局飞行标准司	民航西南地区管理局
民航局航空器适航审定司	民航西北地区管理局
民航局机场司	中国民航报社出版社
民航局航空安全办公室	中国民航大学
民航局空管行业管理办公室	中国民航管理干部学院
民航局思想政治工作办公室	首都机场集团公司
民航局党组纪检组、监察部派驻民航局监察局	中国国际航空公司

原局领导胡逸洲、张瑞霭、管德、张文德和原局领导沈图、陈瑞光、王乃天的亲属及蒋怀宇、张增明、马联玳、陈仲义、徐海平等同志提供了珍贵历史档案资料，在此表示感谢！

图书在版编目（CIP）数据

飞越时空：纪念新中国民航成立 60 周年 / 中国民用航空局综合司编 .
—北京：中国民航出版社，2009.10
ISBN 978-7-80110-941-5

Ⅰ. 飞… Ⅱ. 中… Ⅲ . 民用航空 - 交通运输业 - 档案资料
—汇编—中国　Ⅳ.J121
中国版本图书馆 CIP 数据核字（2009）第 187424 号

飞越时空——纪念新中国民航成立60周年

中国民用航空局综合司　编

责任编辑：邢　璐
装帧设计：蒋宏工作室
出版发行：中国民航出版社　（010）64290477
社　　址：北京市朝阳区光熙门北里甲 31 号（100028）
印　　刷：北京顺诚彩色印刷有限公司
开　　本：889×1194　1/16
印　　张：12
字　　数：200 千
版　　本：2010 年 2 月第 1 版　2010 年 2 月第 1 次印刷
书　　号：ISBN 978-7-80110-941-5
定　　价：368.00 元